APOLOGIA DE SÓCRATES
O BANQUETE

COLEÇÃO A OBRA-PRIMA DE CADA AUTOR

PLATÃO

APOLOGIA DE SÓCRATES
O BANQUETE

Tradução e notas
Sueli Maria de Regino (*Apologia de Sócrates*)
Maria Aparecida de Oliveira Silva (*O Banquete*)

MARTIN CLARET

Título original: 'Απολογία Σωκράτους (*Apologia de Sócrates*)
ΣΥΜΠΟΣΙΟΝ (*O Banquete*)

DIREÇÃO	Martin Claret
PRODUÇÃO EDITORIAL	Carolina Marani Lima Mayara Zucheli
DIREÇÃO DE ARTE E CAPA	José Duarte T. de Castro
DIAGRAMAÇÃO	Giovana Gatti Leonardo
ILUSTRAÇÃO DE CAPA	Kozorez Vladislav / Shutterstock
REVISÃO	Waldir Moraes / Lilian Sais / Alexander B. Siqueira
IMPRESSÃO E ACABAMENTO	Paulus Gráfica

Este livro segue o novo Acordo Ortográfico da Língua Portuguesa.

Dados Internacionais de Catalogação na Publicação (CIP)
(Câmara Brasileira do Livro, SP, Brasil)

Platão
Apologia de Sócrates; O Banquete / Platão — São Paulo:
Martin Claret, 2009. — (Coleção a obra-prima de cada autor; 20)

Na pag. de rosto: Apologia de Sócrates / tradução e notas Sueli Maria de Regino — O Banquete / tradução e notas Maria Aparecida de Oliveira Silva.
ISBN 978-85-440-0112-7

1. Filosofia antiga 2. Literatura grega I. Título II. Título : O Banquete. III. Série.

15-03009 CDD-184

Índices para catálogo sistemático:

1. Platão: Obras filosóficas 184

EDITORA MARTIN CLARET LTDA.
Rua Alegrete, 62 – Bairro Sumaré – CEP: 01254-010 – São Paulo, SP
Tel.: (11) 3672-8144
www.martinclaret.com.br
3ª reimpressão - 2019

SUMÁRIO

APOLOGIA DE SÓCRATES

INTRODUÇÃO

SUELI MARIA DE REGINO*

PLATÃO

O nome "Platão", com que Arístocles de Atenas ficou conhecido pela posteridade, não era mais que um apelido. Provavelmente se referia a alguma característica física ou de personalidade, já que o termo Πλάτος (*platos*) expressa a ideia de algo "plano" ou "amplo". Platão nasceu em Atenas, na primeira metade do século V a.C., por volta do ano 428, filho de Ariston, do demo de Colutés, e pertencia a uma família abastada, da antiga nobreza, já que o pai descendia de Codros, o último rei de Atenas. A origem aristocrática poderia ter conduzido o jovem à vida política, acompanhando os passos de parentes que apoiaram os Trinta Tiranos — grupo formado por representantes das oligarquias, dominantes em Atenas após a Guerra do Peloponeso. O interesse pela filosofia levou Platão, ainda na adolescência, a se entusiasmar pelo pensamento de Crátilo, um seguidor de Heráclito de Éfeso, e, aos vinte anos, tornar-se discípulo de Sócrates.

Por volta do ano 387 a.C., Platão fundou uma escola de filosofia junto às muralhas da cidade de Atenas, em um sítio coberto por olivais consagrados à deusa Palas Atena. O local recebia o nome de "Academia" (*Akadêmeia*), pois, segundo antiga tradição mítica, ali estava o túmulo

---

* Doutora em Letras e Linguística pela Universidade Federal de Goiás, com área de pesquisa em Literatura, História e Imaginário.

do herói Akademos, que revelava aos Dióscuros o lugar onde Teseu aprisionara Helena. E foi por causa de sua localização que a escola onde se reuniam pessoas desejosas de exercitar a discussão filosófica e realizar investigações sobre as ciências matemáticas e astronômicas tornou-se conhecida por Academia.

No livro VII de *A república*, o "mito da caverna" ilustra o essencial das ideias platônicas. Trata-se de uma alegoria sobre os dois níveis de saber reconhecidos pelo filósofo: a impressão, e o conhecimento. Platão estabelece distinções entre o mundo sensível, dos fenômenos, e o mundo inteligível, das ideias. O primeiro, marcado pelo movimento e pela multiplicidade, é percebido pelos sentidos humanos como algo mutável e ilusório. O segundo, definido pela estabilidade, é o mundo da unidade, das essências imutáveis, da intuição intelectual. Platão confere às ideias uma existência real e faz ver que a ação do homem deve restringir-se ao mundo sensível, já que no mundo inteligível, por se tratar de um mundo perfeito, nada pode ser transformado.

SÓCRATES

Segundo a tradição, Sócrates nasceu em Atenas, possivelmente entre os anos 470 e 469 a.C., filho de um escultor e de uma parteira. Diferentemente de seus predecessores, não fundou escola nem deixou nada escrito. As ideias do filósofo foram divulgadas por seus discípulos, entre os quais estava Platão, que fez de seu mestre o principal interlocutor dos muitos diálogos que escreveu na juventude. Figura emblemática, Sócrates é o marco que divide a história da filosofia em duas eras: a dos filósofos pré-socráticos e a dos que o sucederam.

Foram os filósofos pré-socráticos que iniciaram o processo de desligamento entre a filosofia e o pensamento mítico. Esse processo assinala a passagem da cosmogonia à cosmologia. A primeira era descritiva, típica do pensamento mítico, e relatava como o cosmo surge do caos; a segunda, que buscava a *arché* — princípio teórico que fundamenta todas as coisas —, deu origem a diferentes fundamentações conceituais.

No século V a.C., também denominado "Século de Péricles", apareceram os primeiros sofistas, filósofos pedagogos que circulavam pelas cidades gregas e contribuíram para a sistematização do ensino. Vindos da classe média, em sua maioria, fizeram do ensino uma profissão e criaram um currículo do qual constava o estudo de gramática, retórica, dialética, aritmética, geometria, astronomia e música. O fato de cobrarem por seus serviços escandalizava os filósofos advindos da aristocracia, cujas críticas em muito contribuíram para formar a imagem caricatural que chegou até nós desses profissionais da educação. Contemporâneo de alguns dos mais importantes sofistas, Sócrates, muitas vezes, foi comparado a eles, embora sempre tenha se oposto, de forma crítica, ao pensamento sofista.

Sócrates passava muito tempo na ágora, discutindo diferentes temas, e utilizava um método dialético para levar seus interlocutores ao conhecimento. O método socrático desenvolve-se em dois momentos: a ironia e a maiêutica. A ironia socrática consiste na formulação de perguntas, a partir de uma dúvida fictícia. Tais questões são conduzidas com a finalidade de refutar uma determinada tese e, ao final, auxiliar a exposição do que verdadeiramente se deseja expor. O objetivo dessas interpelações, que deixavam o interlocutor sem meios de apresentar respostas, era o de despojar o indivíduo da ilusão de seu saber, livrando-o dos preconceitos e das falsas opiniões que o impediam de alcançar a verdade. No segundo momento, com a maiêutica, buscava-se conduzir o indivíduo a extrair de dentro de si mesmo uma nova perspectiva de conhecimento sobre o objeto da discussão. Maiêutica (μαιευτική) é um termo que em grego significa "obstetrícia", e foi usado por Sócrates de forma comparativa, estabelecendo relações com o trabalho de sua mãe, uma parteira, por considerar que, por meio da maiêutica, novas ideias vinham à luz.

A frequente utilização desse método em praça pública valeu ao filósofo alguns amigos fiéis, mas também inimigos rancorosos que o acusaram, segundo a *Apologia* que nos deixou Platão, de corromper a mocidade e de não crer nos deuses da cidade. Xenofonte, outro discípulo, que escreveu os *Ditos* e *feitos memoráveis de Sócrates* e uma *Apologia de Sócrates*, apresenta, no primeiro texto, o pensamento do velho filósofo por meio de lembranças que guardara de seu mestre; no segundo, discorre sobre o que se seguiu às acusações feitas a Sócrates e expõe as razões que o poderiam ter levado a escolher a morte. Quando Hermógenes, amigo de Sócrates, lembra-lhe que deve pensar em sua apologia, recebe a seguinte resposta: "Não te parece que lhe consagrei toda a minha vida?" (Xenofonte, 1980, p. 161).

Conduzido a um tribunal popular, Sócrates foi acusado por Anito, rico comerciante e político influente; Meleto, um poeta medíocre; e Lícon, um cidadão de pouca expressão. Defendeu-se com dignidade e não fez nenhuma concessão que pudesse pesar em sua consciência. Em nenhum momento reconheceu sua culpa e foi condenado à morte por envenenamento de cicuta. No tribunal, em vez de defender sua vida, defendeu suas ideias e a integridade de sua consciência. Em 399 a.C., um mês após seu julgamento, Sócrates foi executado com a ingestão de sumo de cicuta.

O TEXTO DE PLATÃO

A *Apologia de Sócrates*, texto no qual Platão relata a defesa do velho filósofo e mestre, apresenta três partes distintas. Na primeira, diante de seus juízes, Sócrates se defende da acusação de não crer nos deuses de sua cidade e de corromper a juventude, utilizando de forma paródica a linguagem forense dos tribunais atenienses.

Na segunda parte, Platão descreve o momento que se segue à contagem dos votos. Dentre os 501 atenienses que participaram do júri popular, 220 votaram a favor e 281, contra o acusado, que é considerado culpado e condenado à morte. De acordo com as leis atenienses, o réu ainda poderia sugerir uma alternativa para essa pena, mas o que Sócrates propõe acaba por aumentar o número de votos a condená-lo. O velho filósofo sugere que o alimentem à custa do erário, no Pritaneu, uma honra reservada somente a hóspedes estrangeiros, heróis beneméritos e aos vencedores dos jogos olímpicos. Dos 500 homens que compunham o júri, 360 votaram contra Sócrates, condenando-o à morte.

Na terceira parte da *Apologia*, após a definição do tribunal em favor da pena de morte, Sócrates fala aos seus concidadãos e faz previsões sobre as desditas que se abateriam sobre aqueles que o haviam acusado injustamente. Em seguida, discorre sobre a natureza da morte e tenta demonstrar que, sendo ou não a alma imortal, nada poderia haver de terrível no morrer. Por fim, despede-se dos amigos, antes de seguir para o destino que em nenhum momento tentou evitar.

A TRADUÇÃO

Para esta tradução de *Apologia de Sócrates*, livro escrito por Platão no século IV a.C., foram utilizados os textos em grego estabelecidos por Martin Von Schanz. Também foi consultado o texto de John Burnet, da Oxford University Press, 1903, disponibilizado pela Perseus Digital Library. Utilizamos ainda o dicionário *on-line* do Projeto Perseus, e o *Pocket Oxford Classical Greek Dictionary* de Morwood e Taylor; o *Dictionnaire Grec Français* de Bailly e o *Dicionário acadêmico de grego-português*, da Porto Editora.

Ao se iniciar um trabalho de tradução, o propósito que o norteia deve estar bem claro para o tradutor, pois isso é imprescindível para a definição da forma que se dará ao texto final. No caso desta obra, tinha-se como objetivo oferecer um texto de fácil leitura, numa tradução que não mutilasse ou descaracterizasse o texto platônico, rico em palavras que colocam o tradutor diante de difíceis opções vocabulares. Um exemplo disso foram as dúvidas que nos afligiram diante do termo δαίμον (*daímon*), cujo significado é de difícil assimilação em um contexto monoteísta. Em traduções mais antigas da *Apologia* o termo *daímon* foi traduzido por "demônio"; em outras, mais recentes, aparece traduzido por "gênio" ou "nume". Nossa opção, contudo, considerou o fato de que, em Homero, a palavra δαίμον é usada como um sinônimo de "deus" (θεός) e, assim, nos decidimos pelo termo "divindade".

São muitas as armadilhas e os obstáculos que se apresentam no caminho daquele que se lança a um trabalho de tradução, pois o sentido de um enunciado não se resume ao significado dos vocábulos que o compõem. Segundo Paulo Rónai, "a tradução se apresenta como uma operação de muitas faces, que envolve aspectos comerciais, técnicos, psicológicos etc." (1981, p. 89); de tal complexidade decorre a impossibilidade de uma tradução perfeita, e o trabalho de qualquer tradutor apresenta-se sempre como uma entre outras "aproximações". Assim sendo, reiteramos aqui o nosso objetivo principal: trazer a *Apologia de Sócrates* para o leitor brasileiro de nossos dias, em uma linguagem acessível, sem maior pretensão do que o conduzir a uma viagem no tempo, aos fatos que foram, tão vivamente, narrados por Platão.

PARTE I

[17] O que vocês, ó homens de Atenas, sentiram diante das palavras de meus acusadores, eu não sei. Quanto a mim, frente a argumentos tão convincentes, por pouco ia me esquecendo de quem sou. Posso afirmar que não há nenhuma verdade nessas palavras, mas surpreendeu-me, entre tudo o que disseram contra mim, a recomendação para que tivessem cuidado e não se deixassem enganar por minha eloquência. Mais vergonhoso, contudo, é que não se envergonhem de mentir, mesmo sabendo que eu os desmentiria imediatamente, sem qualquer artifício de eloquência, com a apresentação de fatos e evidências. A mim, no entanto, tudo o que dizem parece, no mínimo, uma falta de vergonha. A não ser que chamem de eloquente aquele que fala a verdade. E se for isso mesmo o que querem dizer, então, dessa forma, talvez eu reconheça ser eloquente.

Como já disse antes, eles não disseram palavra alguma que fosse verdadeira, mas agora, de minha parte, vocês irão ouvir apenas a verdade. Pois o meu discurso, ó homens de Atenas, diferente do deles, não será rebuscado, ornamentado por palavras e frases cuidadosamente arranjadas, mas com as palavras que o acaso trouxer a minha boca. E ainda assim acredito que tudo o que disser será justo, pois nenhum de vocês espera outra coisa de mim. Além disso, não seria adequado, certamente, para um homem de minha idade, apresentar-se como um jovem que se exercita em articular discursos. Quero então fazer um pedido, uma súplica, ó homens de Atenas. Se perceberem que uso para minha defesa as mesmas palavras que costumo usar na ágora,[1] entre as bancas dos comerciantes, ou em qualquer dos lugares onde muitas vezes têm me ouvido falar, não se surpreendam nem se impacientem comigo, pois hoje é a primeira vez em minha vida, embora tenha mais de setenta anos, que me apresento diante de um tribunal, e realmente sou estranho à linguagem que se fala aqui.

Mas se eu fosse um estranho, de fato, vocês seriam condescendentes [18] e deixariam que me expressasse com a linguagem e as maneiras do lugar de meu nascimento. Por isso, desejo pedir-lhes algo que não creio ser injusto. Em primeiro lugar, que aceitem o meu modo de falar, seja ele bom ou mau, considerando somente, com muita atenção, se no que digo há justiça — pois se essa é a virtude de um julgamento, a virtude de um orador é dizer a verdade.

Inicialmente, devo me defender das acusações mentirosas de meus primeiros acusadores. Depois, das últimas acusações dos últimos que me acusam. Isso porque, ó homens de Atenas, muitos de meus acusadores estão entre vocês, e durante muito tempo, por muitos anos talvez, ergueram contra mim palavras mentirosas. Tenho mais medo deles que de Anito e de seus aliados, todos muito influentes. Mas esses outros, ó homens, também influentes, educaram, desde a infância, a maior parte de vocês, fazendo que acreditassem haver um certo Sócrates, homem sábio, que, além de se ocupar com a investigação de assuntos referentes àquilo que está nas alturas e também sob a terra, ainda procura transformar um argumento frágil em forte.

Esses que difundem tais rumores, ó homens de Atenas, são os meus acusadores mais temíveis, pois aqueles que os ouviram acabaram por acreditar que os investigadores de

---

[1] A ágora era um espaço aberto, a praça principal da *pólis* (cidade--Estado) grega, onde ocorriam as discussões políticas, os tribunais populares e também as feiras livres, com a comercialização de diversas mercadorias.

tais coisas não acreditam na existência dos deuses. Além disso, esses acusadores são muitos, e faz muito tempo me acusam. Lançaram suas palavras contra mim e procuraram convencê-los quando ainda eram jovens, alguns ainda crianças, na idade em que em tudo se crê. Entre vocês, eles me acusaram livremente, sem encontrar nenhuma palavra em minha defesa. O que menos faz sentido, porém, é que não posso reconhecer ou dar nomes aos meus acusadores, a não ser um certo comediógrafo.[2] E todos esses que, por inveja, tentaram persuadi-los com calúnias fizeram que vocês, assim persuadidos, persuadissem outros mais. Todos esses são inabordáveis, pois não é possível chamar algum deles aqui, diante de todos, para interrogá-lo. Dessa forma, só me resta lutar contra sombras e interrogar sem que ninguém me responda.

Guardem na mente, portanto, que os meus acusadores, como já disse, são de duas espécies: de uma parte, os que me acusam há muito tempo; de outra, os que me acusaram mais recentemente. Creio que devo começar por me defender dos primeiros, pois esses foram os que primeiramente lançaram suas calúnias, atuando por mais tempo e com mais intensidade que os últimos.

Desse modo, preciso fazer minha defesa, homens de Atenas, para tentar, no pouco tempo de que disponho, remover as calúnias [19] que aí estão enraizadas há tanto tempo. Gostaria de ser bem-sucedido. E se isso for realmente bom, tanto para vocês como para mim, então que eu tenha sucesso em minha defesa. Vejo, porém,

---

[2] Trata-se do comediógrafo Aristófanes, nascido em Atenas no Século de Péricles. Conservador, Aristófanes hostilizava as inovações sociais e defendia os valores do passado de sua cidade. Satirizou a corrupção e combateu a sofística, a arte da persuasão, que questionava os conceitos religiosos, políticos e sociais da cultura grega. Em *As nuvens* (423 a.C.), Aristófanes compara Sócrates aos sofistas e o acusa de exercer influência nefasta sobre os jovens e a sociedade.

o quanto será difícil e creio compreender a razão. De qualquer forma, que tudo ocorra segundo o desejo do deus, pois devo obedecer à lei e começar a minha defesa.

Retomemos, desde o começo, a acusação sobre a qual se apoiam meus caluniadores. A mesma usada por Meleto ao redigir sua denúncia contra mim. Vejamos: o que dizem os meus caluniadores ao me caluniarem? É preciso tomar a acusação formal e a ler, tal como foi escrita por meus acusadores: "Sócrates se comporta criminosamente ao investigar as coisas sob a terra e as do céu; ao transformar argumentos frágeis em fortes e ensinar a outros suas práticas perniciosas". Isso ou algo mais ou menos assim, tal como viram na comédia de Aristófanes, em que um certo Sócrates é apresentado lá no alto, como alguém que afirma caminhar pelos ares, entre outras extravagâncias, sobre as quais nada sei, nem muito, nem pouco.

E não digo isso para depreciar essa forma de conhecimento, se é que existe alguém conhecedor dessa matéria — e que eu não tenha, nesta defesa contra Meleto, de me defender contra outra tão grande acusação como essa. No entanto, ó homens de Atenas, eu mesmo jamais me ocupei com tais assuntos. Posso apresentar o testemunho da maioria dos que aqui estão, e peço a todos os que me ouviram dialogando — e há muitos desses entre vocês — que digam agora, esclarecendo os outros, se alguma vez me ouviram falar, muito ou pouco, sobre esse tipo de conhecimento. A partir dessas considerações, poderão julgar as outras partes da acusação. A verdade, contudo, é que nelas não há qualquer palavra verdadeira.

Se ouvirem alguém dizer que ensino e ganho dinheiro com isso, não é verdade. Embora me pareça algo belo ser capaz de instruir homens, como o fizeram Górgias, o de Leontinos, Pródico de Ceos e Hípias de Élis.[3] Cada um

[3] Sócrates cita alguns filósofos sofistas de seu tempo: Górgias, nascido em Leontinos, na Sicília, por volta de 480 a.C. é considerado

deles, ó homens, percorreu cidades e foi capaz de atrair jovens, os quais se reuniam com os companheiros que escolhiam entre seus concidadãos [20] e, juntos, conviviam com aqueles homens, aos quais pagavam bem e ainda se sentiam muito agradecidos.

Além do mais, parece que aqui chegou um homem de Paros, um sábio, segundo ouvi outro dia de alguém que tem gastado mais com sofistas que qualquer outro: Cálias, filho de Hipônico, a quem perguntei, já que ele tem dois filhos: "Ó Cálias", eu disse, "se você tivesse, em lugar de filhos, dois potros ou dois bezerros, deveríamos deixá-los sob os cuidados de um homem hábil, a quem pagaríamos bem para que ele os tornasse ainda melhores, aperfeiçoando suas qualidades naturais. E esse homem seria provavelmente um tratador de cavalos ou um lavrador. Mas como são seres humanos, a quem os confiaria? Quem poderia lhes ensinar as virtudes humanas e as de cidadão? Penso que você, por ser pai de dois filhos, deve pensar sobre isso. Existe alguém, não?", eu lhe perguntei. "Sem dúvida", ele me respondeu. "E quem é ele?", perguntei, "De onde vem e quanto cobra para ensinar?" "Eveno", ele disse, "vem de Paros, ó Sócrates, e cobra cinco minas". E eu, portanto, cumprimento esse Eveno, se for mesmo verdade que ele tem o talento da arte de ensinar. Por mim, creio que me sentiria muito orgulhoso e honrado, se tivesse tais habilidades, mas infelizmente não as tenho, ó homens de Atenas.

E agora, talvez um de vocês venha a me perguntar: "Mas, Sócrates, o que fez então? De onde surgiram essas calúnias contra você? Pois, se não fez nada diferente daquilo

---

um dos principais filósofos sofistas gregos e morreu em 375 a.C.; Pródico, nascido em Ceos por volta de 450 a.C., foi professor, orador e fez da ética um ponto fulcral em seus ensinamentos; Hípias, além de filósofo sofista, foi matemático, historiador e artesão. Nasceu em Élis, cidade próxima a Olímpia, por volta de 460 a.C. e morreu em 400 a.C.

que fizeram os outros, não deveria carregar tal fama nem ter sido assim acusado. Diga então do que se trata, para que não sejamos precipitados em nosso julgamento".

Aquele que fala dessa forma me parece falar justamente. Tentarei explicar, por conseguinte, a origem de tal reputação e de tanta animosidade contra mim. Ouçam então. Talvez alguns de vocês pensem que não falo seriamente, mas espero persuadi-los de que direi apenas a verdade. Pois se obtive essa reputação, ó homens de Atenas, foi por conta de um pouco de sabedoria. E que tipo de sabedoria é essa? Talvez uma forma de sabedoria puramente humana, na qual é arriscado ser sábio. No entanto, aqueles homens aos quais me referia há pouco são sábios de uma sabedoria mais que humana, superior, da qual nada direi, pois sobre ela nada sei. E quem disser o contrário, mente e lança calúnias contra mim.

Peço então, ó homens de Atenas, que não se ergam em tumulto se lhes parecer que falo de forma tola ou arrogante, uma vez que as palavras que direi não são minhas, mas de outro que, segundo acredito, é digno de toda a confiança. Como testemunha de minha sabedoria, se é que tenho alguma, e da natureza dessa sabedoria, apresento o deus de Delfos. Sei que todos conheceram Querefonte, [21] meu companheiro desde a juventude, e companheiro também da maior parte de vocês, pois junto com tantos outros foi exilado e, como vocês, retornou à pátria. Todos sabem quem foi Querefonte e com que ardor lançava-se a tudo o que empreendia. Certa vez ele foi a Delfos[4] e teve o atrevimento de perguntar ao oráculo — e agora volto a

[4] Em Delfos, ao pé do Monte Parnaso, ficava o mais importante oráculo da Antiguidade. As Pitonisas, ou Pítias, sacerdotisas de Apolo, respondiam às perguntas dos visitantes em transe místico e faziam profecias no templo dedicado ao deus. Suas respostas eram aceitas como verdades inquestionáveis.

pedir, ó homens, que não se agitem com o que vou dizer —, pois ele perguntou se havia alguém mais sábio que eu. E a Pítia respondeu que não havia ninguém mais sábio. Seu irmão poderá testemunhar sobre tais fatos, já que Querefonte está morto.

Compreendam que só digo essas coisas por uma única razão: quero mostrar de onde surgiram tais calúnias. Quando ouvi sobre as palavras do oráculo, ponderei comigo mesmo: "O que quis dizer o deus e qual o significado oculto de suas palavras? Como bem sei que não tenho nem grande, nem pequena sabedoria, o que significa então ele declarar que sou o mais sábio? Certamente não deve estar mentindo, pois é um deus justo". E por muito tempo permaneci sem saber o que pensar sobre o sentido do oráculo, até que, depois de alguma relutância, resolvi investigar a questão e fui até um desses que têm reputação de sábio, pensando que assim poderia esclarecer o erro cometido pelo oráculo: "Disseram que sou o mais sábio, mas esse homem é mais sábio que eu".

No entanto, ao examinar tal homem, do qual não posso dizer o nome, mas que é um de nossos políticos, depois de dialogar com ele, ó homens de Atenas, a mim me pareceu que embora esse homem parecesse um sábio para muitos outros e, especialmente, para si mesmo, na verdade não o era. Tentei então demonstrar que ele não era tão sábio como acreditava ser, mas com isso só consegui o seu ódio e o dos outros que ali estavam. Quando os deixei, pensei comigo mesmo: "Embora nenhum de nós dois saiba nada de belo e bom, talvez eu seja mais sábio que esse homem, pois enquanto ele acredita que sabe algo, sem o saber, eu, que nada sei, não creio nada saber. Pode ser, então, que eu seja mesmo um pouco mais sábio que ele, pois não penso saber aquilo que não sei".

Em seguida, fui procurar outro que tinha a reputação de ser tão sábio quanto o primeiro, e repetiram-se as mesmas coisas. Tornei-me, desse modo, odiado por esse e por outros mais. Depois disso, segui adiante sem abandonar minha busca.

Percebia, aflito e temeroso, o quanto era odiado, mas sabia que deveria aceitar a palavra do deus e seguir em frente. Investigaria o significado do oráculo, procurando todos que tivessem a mesma reputação. E juro, pelo divino cão,[5] ó homens de Atenas, [22] pois é preciso dizer a verdade, que este foi o resultado do que investiguei, em obediência às palavras do deus: os homens considerados os mais sábios impressionavam-me muito pouco, enquanto aqueles que diziam nada saber me pareciam muito mais próximos da sabedoria. Ainda devo, contudo, lhes contar sobre meus passos, nesse caminho que segui para me assegurar se a resposta do oráculo era verdadeira.

Depois dos políticos, procurei os poetas que escrevem tragédias, ditirambos[6] e tudo o mais, acreditando que, entre eles, poderia comprovar minha ignorância e sua superioridade. Peguei alguns de seus poemas, que me pareciam mais bem elaborados, e lhes perguntei o que significavam, pois também desejava aprender algo com eles. E, agora, sinto-me envergonhado, ó homens, de dizer a verdade. Mas é necessário que a diga: pois aqueles que lá estavam poderiam discorrer sobre tais poemas, acredito, melhor que os poetas que os haviam composto. Pude então perceber que os poetas não compõem guiados pela sabedoria, mas por uma espécie de inclinação natural, um entusiasmo[7]

---

[5] Essa fórmula de juramento, a favorita de Sócrates (... νή ου μα τον κύνα), era aplicada nos rituais dos mistérios dos deuses e, possivelmente, guardam resquício de referências a antigas divindades híbridas, como o Minotauro ou o deus Anúbis. Em algumas circunstâncias, a águia de Zeus também é designada pelo mesmo termo (Διός πτηνός κύων).

[6] Os cantos ditirâmbicos, em sua origem, apresentavam uma parte narrativa, que era cantada pelo corifeu, e uma parte coral. Segundo Aristóteles, em sua *Poética*, foi a partir dos primitivos ditirambos que surgiu a tragédia grega.

[7] Nos mistérios de Dioniso a embriaguez sagrada era definida pelo termo "entusiasmo", que pode ser compreendido, literalmente, como "ter deus dentro de si".

semelhante àquele que anima os profetas e os adivinhos, pois esses também, embora digam muitas coisas belas, nada compreendem do que dizem. Isso parece acontecer igualmente a outros poetas, que por causa de seu talento acreditam ter sabedoria superior à de outros homens em muitas outras coisas, embora não a tenham. E, assim, eu os deixei, pensando que os superava em sabedoria, pela mesma razão que superava os políticos.

Fui, à vista disso, procurar os artífices. Tinha consciência de que, eu mesmo, nada conhecia, mas acreditava que os conhecimentos que eles dominavam, além de numerosos, eram belos. E nisso não estava enganado. Eles conheciam coisas que eu ignorava e nelas eram muito mais hábeis que eu.

Todavia, ó homens de Atenas, esses bons demiurgos[8] pareciam ter os mesmos defeitos dos poetas: por conhecerem bem sua própria arte, cada um deles acreditava conhecer também outras coisas mais importantes, e esse engano ofuscava sua sabedoria. Desse modo, colocando-me no lugar do oráculo, perguntei a mim mesmo se deveria permanecer como sou: nem sábio na sabedoria deles, nem ignorante de minha ignorância, ou ter os mesmos defeitos que eles têm. Respondi então, para mim mesmo e para o oráculo, que me parecia melhor permanecer como estou.

E foi por causa dessas buscas, ó homens de Atenas, [23] que inimizades poderosas se ergueram contra mim. De seu ódio, denso e opressivo, nasceram todas essas calúnias e também a minha reputação de sábio. Acredito que todos aqueles que me ouvem pensam que eu seja realmente sábio nas coisas a respeito das quais afirmo serem os outros ignorantes. No entanto, ó homens, pode

---

[8] Sócrates usa o termo *demiurgós*, nome pelo qual os platônicos designavam o deus criador. Por extensão, o termo pode designar qualquer divindade e, figurativamente, refere-se ao artista criador, ou inventor de alguma obra extraordinária.

ser que o deus, verdadeiramente sábio, haja revelado em seu oráculo o quanto a sabedoria humana tem pouco ou nenhum valor. Talvez o oráculo não tenha se referido a Sócrates, mas usado o meu nome como um exemplo. É como se dissesse, ó homens, o mais sábio entre vocês é aquele que, como Sócrates, reconhece que sua sabedoria não tem, na verdade, nenhum valor.

E é por isso, por obediência ao deus, que ainda continuo essa busca, investigando cidadãos e estrangeiros que suponho sábios. E quando não encontro a sabedoria esperada, lhes mostro, como servidor do deus, que não são sábios. Por causa dessa ocupação, não tenho tido tempo de atender aos deveres públicos nem às necessidades de minha família. Os serviços prestados ao deus me levaram à extrema pobreza. Entretanto, enquanto me dedico a essa atividade, muitos jovens com tempo livre, pois são filhos de famílias ricas, me acompanham por sua própria vontade e parecem sentir grande prazer em observar como examino os homens. Muitas vezes eles me imitam e tentam examinar aqueles que encontram. E acredito que encontrem muitos homens que pensam muito saber, mas que pouco ou nada sabem. Em consequência, todos os que são examinados se enfurecem com eles e também comigo, dizendo que Sócrates é um imundo e que corrompe os jovens. Mas se alguém lhes pergunta o que ele faz ou o que ensina, não sabem o que responder. Então, para que não pareçam tolos, dizem aquelas coisas banais que geralmente se diz dos filósofos: "que ele especula sobre as coisas do céu e da terra, que não acredita nos deuses e faz argumentos frágeis parecerem fortes".

Eu penso que talvez eles não queiram aceitar que, embora finjam ter sabedoria, na verdade nada sabem. São cientes de seu prestígio, impetuosos, e, muitos deles, determinados a falar contra mim de forma persistente e persuasiva. Há muito que enchem seus ouvidos com pérfidas calúnias, e, entre os que me atacam, estão

Meleto, Anito e Lícon. Meleto representa os poetas, Anito, os políticos [24] e os artífices, e Lícon, os oradores. Por isso, como já disse antes, ficaria muito surpreso se conseguisse remover, em tão pouco tempo, uma calúnia tão profundamente enraizada. Eis então a verdade, ó homens de Atenas, verdade que exponho sem dela esconder nem muito, nem pouco. Não ignoro que, por minha conduta, sou odiado, mas isso não só aponta a fonte das calúnias lançadas contra mim como também esclarece suas causas. E se quisessem investigar mais atentamente, agora ou em outro momento, perceberiam que é como digo.

Contra as acusações lançadas por meus primeiros acusadores, creio que foi suficiente o que disse em minha defesa. Devo agora me defender de Meleto, tido como bom homem, apegado à sua cidade e um dos últimos a me acusar. Como os outros acusadores, ele também jurou, formalmente, algo nestes termos: "Afirmo que Sócrates é danoso, pois corrompe os jovens e não crê nos deuses venerados pela cidade, mas em outras novas divindades."[9] Eis a acusação.

Agora, vamos examinar cada um de seus pontos. Ele diz que, por corromper os jovens, sou perigoso. Mas digo, ó homens de Atenas, que perigoso é Meleto, por brincar com coisas sérias ao conduzir levianamente homens à ágora e por aparentar zelo e interesse por assuntos que jamais lhe interessaram. E é isso que tentarei demonstrar a vocês.

---

[9] O termo aqui traduzido por "divindade" (δαίμον) refere-se aos "daímones" (δαίμονες), entidades incorpóreas que atuavam como intermediárias entre homens e deuses. A sorte, a fortuna de cada ser humano permanecia sob os cuidados de um *daímon*, que exercia a função de gênio tutelar. Em *Trabalhos e dias*, Hesíodo, ao se referir às cinco raças, conta como os homens das primeiras raças criadas por Zeus desapareceram da superfície da terra e se tornaram divindades (*daímones*) protetoras dos mortais (v. 109 a 201).

— Diga aqui para mim, Meleto: é importante para você que os jovens sejam tão virtuosos quanto possível?

— Certamente que é.

— Então diga a todos quem os torna melhores. Não tenho dúvidas de que sabe a resposta. Afinal, isso o preocupa tanto que, além de buscar descobrir quem os corrompe, ainda me denunciou na ágora. Pois então diga quem pode torná-los melhores.

Está vendo, Meleto, como você se cala e não sabe o que responder? Não se sente envergonhado? Isso não é prova suficiente de que nunca se interessou por tais assuntos? Vamos, fale, homem de bem, quem os torna melhores?

— As leis.

— Mas não foi isso o que lhe perguntei, ó boníssimo. Minha pergunta foi sobre o homem que conhece, em primeiro lugar, exatamente isto: as leis.

— Aqueles, ó Sócrates, os juízes.

— O que você disse, Meleto? Esses aqui são capazes de educar os jovens e torná-los melhores?

— Certamente.

— Todos eles ou alguns sim e outros não?

— Todos.

— Muito boa sua resposta, por Hera, pois você nos trouxe um número enorme de auxiliares úteis. Mas e esses aqui, os que nos escutam, podem torná-los melhores ou não?

— Sim, eles também.

— E os conselheiros?

— Também os conselheiros.

— [25] Mas então, ó Meleto, aqueles que participam das eclésias,[10] esses também corrompem os jovens? Ou todos eles são capazes de torná-los melhores?

---

[10] Criada por Sólon, a eclésia era a principal assembleia popular da democracia ateniense, aberta a todo cidadão com mais de dezoito anos.

— É isso, exatamente.

— Bem, nesse caso, parece que todos os atenienses são capazes de tornar os jovens melhores e mais belos, menos eu. Só eu os corrompo. Não foi isso o que disse?

— Foi isso mesmo o que eu disse.

— Muitas acusações são lançadas ao acaso contra mim. Mas, responda, acha que isso também acontece com os cavalos? Todos os homens podem fazer que se tornem melhores e não há senão um único homem capaz de corrompê-los? Ou talvez ocorra exatamente o contrário: um único homem sabe lidar com os cavalos, já que são poucos os que sabem adestrá-los, enquanto os outros homens, ao tentar montá-los ou usar seus serviços, os prejudicam. Não é assim, ó Meleto, para os cavalos e para todos os animais? É assim, sem dúvida, quer você e Anito aceitem ou não. Seria, decerto, muitíssimo bom para os jovens se houvesse apenas um para corrompê-los e todos os demais fossem virtuosos. Entretanto, você, ó Meleto, mostrou muito bem que a educação da juventude não o preocupa. Parece claro que jamais se ocupou dessas coisas pelas quais me persegue. Mas responda ainda, por Zeus: é melhor viver, Meleto, entre bons cidadãos ou viver entre os maus? E responda logo, pois o que pergunto não é nada difícil: não é verdade que os maus fazem sempre alguma maldade àqueles que lhes estão próximos, enquanto os bons fazem coisas boas?

— Sem dúvida.

— E haverá alguém que prefira receber injúrias a ser beneficiado pelos que estão próximos? Responda, ó afortunado, pois a lei ordena que responda. Há quem prefira ser injuriado?

— Certamente não.

— Vejamos, pois: quando me acusa de corromper a juventude e de torná-la pior, acredita que faço isso voluntária ou involuntariamente?

— Voluntariamente, é o que penso.

— Como, Meleto? Então você, com a sua idade, é mais sábio que eu, com a idade que tenho, pois sabe que os maus sempre fazem mal àqueles com quem convivem e que os bons fazem o bem. Eu, por minha vez, será que pareço tão ignorante a ponto de não perceber que, se tornasse maus aqueles com quem convivo, correria o risco de receber alguma afronta? Isto é, se fizesse tanto mal voluntariamente como você diz? Não posso acreditar nisso, ó Meleto, e creio que não exista um só homem que acredite.

De qualquer forma, ou não corrompo os jovens, ou os corrompo [26] involuntariamente. E isso faz de você, nos dois casos, um mentiroso. Por outro lado, se corrompo involuntariamente os jovens, a lei não prevê punição para as faltas involuntárias, recomendando que a advertência seja feita em caráter particular, para que a instrução possa ser assimilada. Claro está que, se você me convencesse, eu deixaria de fazer o que estava fazendo involuntariamente. Mas, em vez de me procurar para me instruir, você me conduziu até aqui, onde a lei cita aqueles que precisam de punição, em vez de instrução.

Além disso, ó homens de Atenas, parece bem evidente, como eu dizia, que Meleto nunca se interessou, nem muito, nem pouco, por essas coisas. Mas explique, ó Meleto, de que forma corrompo os jovens? Pois, na denúncia que você mesmo redigiu, afirma que não lhes ensino a respeitar os deuses tradicionalmente respeitados pela *pólis*,[11] mas a crer em novas divindades. Não é isso o que diz? Que ao ensinar eu os corrompo?

— É exatamente isso o que eu digo.

---

[11] A *pólis* (πόλις), cidade-Estado grega, foi elemento de fundamental importância para o modelo de vida urbana no Ocidente. Os espaços que a compunham eram: a Acrópole, onde ficavam os templos, a Ágora, praça aberta onde funcionavam as feiras e os tribunais; a *Khora*, parte agrícola, onde camponeses cultivavam os alimentos que iam suprir a *Ástey*, lugar onde se erguiam as moradias.

— Pois então, ó Meleto, em nome desses mesmos deuses de que agora falamos, explique mais claramente, a mim e a todos os outros, porque parece que me acusa de ensinar que certos deuses existem. Nesse caso, se creio que há deuses, não sou completamente ateu. E, assim, disso não sou culpado. Esses deuses, no entanto, não são os da cidade, mas outros diferentes, de acordo com sua acusação. É disso, portanto, que me acusa? Ou será que me acusa de não crer em nenhum deus e de ensinar aos outros a também não acreditar?

— É disso que o acuso, de não reconhecer nenhum deus.

— Ó admirável Meleto, por que diz isso? Então eu não creio que nem o sol, nem a lua, sejam deuses, como creem todos os outros homens?

— Não, por Zeus, ó juízes, ele disse que o sol é uma pedra e que a lua tem um solo.

— Parece que você acusa Anaxágoras, caro Meleto, e ainda nos despreza a todos, pensando que somos iletrados e não conhecemos os livros de Anaxágoras de Clazômenas,[12] que estão cheios dessas afirmações. Desse modo, quer dizer que esses jovens vêm até mim para aprender aquilo que poderiam aprender por aí, pagando no máximo uma dracma[13] na orquestra?[14] E eles não iriam rir de Sócrates, por atribuir a si mesmo opiniões que não são suas? E ainda mais essas, tão estranhas! Mas, por Zeus, acredita mesmo que não creio em nenhum deus?

---

[12] Anaxágoras, filósofo pré-socrático, nasceu em Clazômenas em 500 e morreu em 428 a.C. Escreveu um tratado sobre a natureza.

[13] Dracma era uma unidade monetária, assim como o óbulo, o talento e a mina de prata. Depois das reformas de Sólon, equivalia a seis óbulos, a moeda grega de menor valor.

[14] A orquestra, parte dos teatros gregos, ficava situada no centro das bancadas laterais, onde o coro se apresentava. Espaço amplo, podia ser usado por aqueles que desejavam ensinar.

— Não, por Zeus, você não crê em nenhum.

— Não é possível acreditar, ó Meleto, em uma afirmação como essa, que decerto parece tão inacreditável para você como para mim. Pois este homem aqui, ó homens de Atenas, que me parece ser muito arrogante e imprudente, decerto redigiu essa acusação levado pela inconsequência e a leviandade de sua juventude. [27] Na verdade, ele se assemelha a alguém que compõe um enigma e diz a si mesmo: "Será que Sócrates, o sábio, perceberá que estou zombando e me contradizendo, ou irei enganá-lo, assim como aos outros que nos ouvem?" Porque, para mim, ele se contradiz em sua acusação e parece dizer: "Sócrates é culpado por não crer nos deuses e também por crer nos deuses". Ora, isso só pode ser zombaria.

Examinem comigo, ó homens, se é isso mesmo o que ele parece dizer. Responda, ó Meleto, e peço a todos, como já pedi anteriormente, que não se manifestem ruidosamente diante do meu modo de falar.

— Haverá algum ser humano, ó Meleto, que acredite haver coisas humanas e não creia na existência dos homens? Que ele nos responda, ó homens, sem resmungar ora uma, ora outra coisa. Há alguém que, embora não acredite em cavalos, acredite em coisas relacionadas a cavalos? Ou quem não creia na existência dos aulos, mas acredite em assuntos relacionados à arte da aulética?[15] Não há ninguém, homem boníssimo! E como você não responde, respondo eu mesmo para todos os presentes. Mas responda ao menos a isto: há quem acredite nas práticas relacionadas às divindades se não acreditar em divindades?

— Não há.

[15] O termo "aulo" designava, na Grécia Antiga, diversos tipos de flautas. Aristóteles, na *Poética*, cita a aulética, arte de tocar o aulo, como uma das artes miméticas.

— Ora, enfim, que bom que respondeu, embora a muito custo e constrangido por todos! Pois, então, você não me acusa de ensinar práticas relacionadas a certas divindades, antigas e novas? De acordo com seu pensamento, portanto, sempre acreditei nessas divindades. Foi isso o que declarou e foi sobre isso que prestou juramento. No entanto, se creio em coisas relacionadas às divindades, primeiro é necessário que creia em divindades, não é?

Pois é isso mesmo. E penso que concorda comigo, já que não me respondeu. Quanto a essas divindades, nós as consideramos como deuses, ou como filhos de deuses, não é mesmo? Você diz sim ou não?

— Eu digo que sim.

— Então, se acredito em divindades, como você afirma, e se essas divindades são como deuses, volto a afirmar que está falando por enigmas, zombando de mim ao dizer que não creio nos deuses e que, por conseguinte, creio nos deuses, já que admiti a existência de divindades. Mas se as divindades são os filhos bastardos dos deuses com ninfas, ou, ainda, com simples mortais, quem poderia crer que há filhos de deuses, se não acreditar igualmente na existência dos deuses? Seria tão absurdo como acreditar na existência de mulas, geradas por cavalos e jumentos, e não crer em cavalos ou jumentos.

Parece, no entanto, ó Meleto, que sua acusação foi apenas para me testar, pois não há falta verdadeira que possa me atribuir. Não creio, porém, que você seja capaz de persuadir qualquer homem, mesmo um insensato, de que uma pessoa possa crer na existência de coisas divinas e, ao mesmo tempo, não acreditar na existência de divindades, deuses e heróis. [28] Isso é impossível. E, nesse caso, ó homens de Atenas, não preciso estender ainda mais a minha defesa. O que já disse me parece suficiente para demonstrar que não sou culpado e que a acusação de Meleto é infundada. Entretanto, é verdade aquilo que disse anteriormente sobre o ódio excessivo que muitos homens acumularam contra mim. E será isso o que me condenará se condenado eu for, não Meleto ou Anito, mas as calúnias e a inveja de muitos. Isso já condenou muitos homens bons e continuará sendo a perdição de inúmeros outros, pois não acredito que esse horror se detenha em mim.

Talvez alguém até viesse me dizer: "Então não se envergonha, ó Sócrates, de ter se dedicado a atividades que agora o põem diante do risco de morrer?" E eu, por minha vez, poderia dar uma resposta justa a essa recriminação: "Você não se expressa bem, meu caro, ao afirmar que um homem que tem algum valor, por pouco que seja, deva considerar os riscos de viver ou morrer, em vez de considerar somente, em cada um de seus passos, se o que faz é justo ou injusto, se age como um homem bom ou mau".

E, assim, de acordo com seu argumento, o que teríamos a dizer dos semideuses que morreram em Troia, entre eles, particularmente, o filho de Tétis, que considerou o perigo desprezível, diante da desonra? Quando sua mãe, uma deusa, viu como ele ansiava se lançar contra Heitor, alertou-o, dizendo algo mais ou menos assim: "Meu filho, se vingar a morte de seu companheiro Pátroclo e matar Heitor, você irá morrer, pois é certo que depois da morte de Heitor há de se completar o seu destino".

Ele, porém, ao ouvi-la, desprezou o perigo e a morte, porque temia muito mais viver como um covarde, sem vingar seu amigo. "Pois que eu morra no instante seguinte à minha vingança, depois de punir o culpado. Não quero permanecer vivo e exposto ao desprezo, ao lado de minhas naus abauladas, como um fardo inútil sobre a terra."

Pensam que ele se inquietou diante do perigo e da morte? Pois essa é a verdade, ó homens de Atenas: sempre que alguém escolhe uma posição, por considerar que é a melhor, ou ali é colocado por seu superior, deve, a meu ver, permanecer em seu posto, enfrentando todos os riscos, sem se importar com a morte, nem com os perigos, nem com coisa alguma além da desonra.

A meu ver, seria uma conduta desprezível, ó homens de Atenas, depois de ter guardado fielmente os postos determinados por nossos generais, expondo minha vida em Potideia, Anfípolis e no Délio, [29], abandonar o posto determinado pelo deus, que me ordena viver a filosofar — assim creio e compreendo — examinando a mim mesmo e aos outros.

Seria desprezível e, nesse caso, alguém poderia, com razão, me citar diante de um tribunal, acusando-me de não crer na existência dos deuses, de não obedecer ao oráculo, de temer a morte e de dizer que sou sábio sem o ser. Pois temer a morte, ó homens, assemelha-se a parecer ser sábio sem o ser; é pensar que se conhece aquilo que não se conhece. Na verdade, ninguém sabe se a morte é ou não o maior de todos os bens para o homem, mas as pessoas a temem como se soubessem, com certeza, que é o maior dos males. E não é a mais reprovável forma de ignorância acreditar que se sabe algo que não se sabe? Quanto a mim, ó homens, pode ser que nisso também seja diferente de muitas outras pessoas. E se ousasse afirmar que me considero mais sábio que alguém em alguma matéria, seria nisto: não sei o suficiente sobre as coisas do Hades[16] e tampouco penso que sei. No entanto, ser injusto e desobedecer a quem é melhor que eu, deus ou homem, isso sei perfeitamente que é mau e vergonhoso. Sei também que não devo temer ou fugir de males que talvez possam ser bens verdadeiros, mas sim das coisas más que, com certeza, sei que são más.

Contudo, se vocês me inocentassem — apesar de Anito, que desde o princípio afirmava a necessidade de me trazerem ao tribunal e de me condenarem à morte, porque, se eu me livrasse, os seus filhos poderiam ser corrompidos

[16] Hades era o nome do deus das riquezas dos espaços subterrâneos e do mundo dos mortos, que recebia o nome de seu senhor. Hesíodo, em *Teogonia*, descreve os domínios desse deus.

pelos ensinamentos de Sócrates —, se me inocentassem agora, dizendo: "Ó Sócrates, nós rejeitamos a acusação de Anito e o liberamos, porém com a condição de que não se ocupe mais com investigações e filosofia, pois, caso isso aconteça outra vez, você morrerá", se fosse absolvido sob tal condição, eu lhes diria: "Ó homens de Atenas, eu os respeito e estimo, no entanto devo mais respeito aos deuses que a vocês e, enquanto tiver alguma força para respirar, jamais deixarei de me dedicar à filosofia, de fazer minhas indagações costumeiras ou de instruir aquele que vier ao meu encontro dizendo, como de costume: 'Ó bom homem, como é possível que você, sendo de Atenas, a maior cidade, a mais famosa por sua sabedoria e poder, não se envergonhe em se empenhar na aquisição do máximo possível de riquezas, reputação e honras, sem se importar com a sabedoria, a verdade e a perfeição da alma, buscando aprimorá-la o máximo possível?'"

Mas se um de vocês me contestar, dizendo que se ocupa com o que deve se ocupar, eu não desistirei. Ficarei ao seu lado para interrogá-lo, examiná-lo e refutá-lo. Se descobrir que não é virtuoso, mas que finge ser, [30] daí eu o repreenderei por desprezar as coisas mais importantes e cuidar das que não têm nenhum valor. Farei isso com qualquer um que encontrar, jovem ou velho, estrangeiro ou concidadão, mas especialmente com vocês, que me são mais próximos pelo nascimento.

É isso, exatamente, o que me ordena o deus, vocês sabem, e estou certo de que nunca houve um bem maior para esta cidade do que esse serviço que presto a ele. Minha ocupação tem sido vagar por aí, persuadindo jovens e velhos a não dar mais atenção ao corpo e às riquezas que ao aperfeiçoamento da alma, porque assim se tornarão cada vez melhores. Digo que a virtude não nasce da riqueza, todavia é da virtude que nascem as riquezas e os bens para todos os homens, tanto individual como coletivamente.

Para que minhas palavras pudessem corromper a juventude, seria preciso que fossem nocivas, mas se alguém afirmar que digo coisas diferentes dessas, não diz nada que mereça crédito. Diante disso, o que tenho a lhes dizer, ó atenienses, é que, se forem ou não persuadidos por Anito, se me absolverem ou não, saibam que não mudarei minha conduta, mesmo que tenha de morrer muitas vezes.

Não façam tumulto, homens de Atenas! Continuem atendendo ao pedido que fiz, anteriormente, de não interromperem minhas palavras, mas de me ouvirem com paciência, pois creio que, para vocês, será proveitoso me ouvir. Direi ainda outras coisas que talvez os faça elevar a voz, mas peço que não façam isso, pois há algo que devem saber: se condenarem à morte um homem como eu, por ser aquilo que diz ser, não me causarão dano tão grande como o que farão a vocês mesmos. Não creio que nenhuma injúria vinda de Meleto e Anito possa me alcançar, porque não é possível que um homem superior seja injuriado por um inferior. Talvez possam me levar à morte, ao exílio ou à perda de meus direitos de cidadão. Mas se eles, ou qualquer outro, consideram tais coisas como grandes males, eu não penso assim. A meu ver, o maior de todos os males é fazer o que estão fazendo: tentar matar um homem injustamente.

Agora, não pensem, ó homens de Atenas, que me defendo em proveito próprio, como muitos poderiam supor. Na verdade, faço essa defesa em proveito de vocês mesmos, por temer que, ao votarem contra mim, rejeitando o dom que recebi do deus, possam ofendê-lo. Se me matarem, não encontrarão facilmente outro que, por ordem do deus, esteja tão ligado à cidade como (ainda que a comparação possa parecer ridícula) uma mosca a um cavalo grande, de boa raça, que precisa ser despertado pelas moscas, pois a gordura o deixou meio lerdo. E, assim, segundo me parece, o deus me escolheu para que despertasse, repreendesse e persuadisse cada um de vocês, [31] seguindo-os por toda parte, dia após dia. Vocês, certamente, não encontrarão com facilidade outro como eu e, se me ouvirem, ó homens, acredito que irão me poupar. Mas também pode ser que fiquem irritados e, como aqueles que são despertados de seu sono, mal começam a dormir, venham a me repelir, colocando-se ao lado de Anito e me condenando à morte. E assim continuarão dormindo pelo resto da vida, a menos que o deus, lembrando-se de vocês, envie outro como eu.

Pois o fato de ter sido o deus, ele mesmo, a fazer de mim uma dádiva para esta cidade, pode ser reconhecido por este indício: não parece uma atitude humana alguém negligenciar seus próprios interesses e descuidar de suas obrigações familiares, como fiz durante anos, para atender ao interesse de outros. Aproximei-me de cada um de vocês, individualmente, como faria um pai ou um irmão mais velho, tentando convencê-los, de forma incansável, a serem virtuosos. Se eu tivesse, realmente, obtido algum proveito com isso, se tivesse recebido algum tipo de remuneração por tais advertências, eles teriam razão. Agora, como vocês mesmos podem ver, os meus acusadores, ao me caluniarem tão desavergonhadamente, pelo menos não foram tão desavergonhados a ponto de apresentar testemunhas de que, alguma vez, eu tenha exigido qualquer tipo de pagamento. De minha parte, posso apresentar o que acredito ser testemunho suficiente do que digo: a minha pobreza.

Talvez pareça contraditório eu andar por aí, intervindo nos assuntos alheios, advertindo, dando conselhos particulares, em vez de oferecer publicamente, diante de todos vocês, os meus conselhos à cidade. A razão disso, como já disse muitas vezes, e em muitos lugares, é que sou tomado por algo divino, por divindades. E isso foi uma das coisas que Meleto ridicularizou, ao escrever sua acusação. Isso acontece comigo desde criança, pois ouço uma espécie de voz que sempre se manifesta para me dissuadir de algo que estou prestes a realizar, mas nunca me conduz à ação. É ela que se opõe a que eu me envolva com as questões públicas. Isso, no entanto, ó homens de Atenas, pode ser algo bom para mim, pois se houvesse me envolvido com a política, há muito tempo estaria morto e, assim, não teria realizado nada de útil, nem para vocês, nem para mim.

E não me odeiem pelas verdades que digo, pois não há homem que permaneça a salvo se desejar enfrentá-los com firmeza, ou a qualquer outro povo, [32] impedindo os atos ilegais ou injustos em uma cidade. Aquele que quer, realmente, lutar pelo que é justo, se quiser manter sua vida por mais algum tempo, deve viver discretamente, sem se envolver na vida pública. Sobre isso, não tenho para vocês apenas palavras, mas provas baseadas em fatos, algo que certamente respeitam. Ouçam então o que me aconteceu e acreditem quando afirmo que jamais obedeci ao que considero injusto nem fiz concessões ou me sujeitei a quem quer que seja por temer a morte. As coisas que vou contar, embora irrelevantes para um processo, são verdadeiras.

Tenho por mim, ó homens de Atenas, que jamais exerci nenhum cargo público na cidade, além de conselheiro. E isso foi quando nossa tribo, a Antióquida,[17] presidiu, por exigência de vocês, o julgamento coletivo dos dez generais que não fizeram o resgate após a batalha naval.[18] Algum tempo depois todos reconheceram que aquilo era ilegal, porém naquele momento fui o único dos pritânios[19] que se opôs a contrariar as leis e votou contra vocês. Apesar de os oradores se mobilizarem para me acusar e me prender, encorajados pelos seus gritos, pensei que seria mais justo correr todos os riscos, permanecendo ao lado da lei e da justiça, que os apoiar numa decisão injusta, por medo dos grilhões ou da morte.

---

[17] Sócrates era filho de Sofronisco, um escultor, e sua família pertencia à tribo antióquida de Alopeque, da *pólis* de Atenas.

[18] Trata-se da batalha contra os espartanos, que sucedeu nas proximidades das ilhas Arginusas, próximas a Lesbos, em 406 a.C.

[19] Pritânios eram os cinquenta senadores que se revezavam para presidir a assembleia popular por um determinado período.

Isso ocorreu quando a cidade ainda era democrática. Mas depois, ao se estabelecer a oligarquia, os Trinta[20] me chamaram e fui ao seu encontro, na cúpula, onde nos ordenaram trazer o Leon Salamínio,[21] para que aqui fosse morto. Eles deram ordens como essas para muitos outros, pois desejavam implicá-los em seus crimes tanto quanto fosse possível. E eu então provei, não com palavras, mas com ações, que estava pouco me importando com a morte, se me permitem essa expressão trivial. Minha única preocupação era não fazer nada que fosse ímpio ou injusto. E no que me diz respeito, aquelas pessoas, com todo o seu poder, não conseguiram me obrigar a fazer algo que considerava injusto. Ao sairmos da cúpula, enquanto os outros quatro seguiam para Salamina, em busca de Leon, tomei outro caminho e me recolhi à minha casa. Por causa disso, certamente teria sido morto, se o governo não houvesse caído logo em seguida. E esses fatos também podem ser comprovados por muitas testemunhas.

Vocês pensam que eu teria vivido tantos anos se tivesse me envolvido em atividades da vida pública, realizando-as de forma justa, como deve fazer um homem de bem, e dando a isso a mais alta importância? Longe disso, ó homens de Atenas. Nenhum outro homem poderia fazê-lo. [33] Durante a travessia de minha vida, tanto nas questões públicas como nas relações privadas, minha atitude tem sido a mesma de agora, jamais concordando com qualquer coisa que vá contra a justiça nem mesmo em relação a esses que meus caluniadores dizem ter sido meus discípulos.

---

[20] Após a guerra do Peloponeso, Atenas ficou à mercê de Lisandro, o espartano, que apoiou a oligarquia liderada por Crítias. Formou-se um governo conhecido como "Os Trinta", que deveria governar e elaborar uma nova constituição. Foi composto um conselho de adeptos da oligarquia, os Quinhentos, e foi imposto um reinado de terror sobre Atenas.

[21] Leon de Salamina era um exilado do partido democrático. Os representantes da oligarquia desejavam matá-lo para se apossarem de seus bens.

Jamais fui mestre de ninguém, mas se qualquer um, jovem ou velho, desejasse me ouvir para ver como me desincumbia de minha missão, não impedia que me ouvisse. Além disso, jamais pedi que me pagassem. Interrogo igualmente ricos e pobres, permitindo que ouçam e respondam às minhas perguntas, se assim o quiserem. E se, entre esses, alguns se tornaram melhores ou piores, não creio que deva cair sobre mim tal responsabilidade, pois jamais prometo ensinar ou ensino, realmente, coisa alguma. E, ainda, se alguém disser que ouviu de mim, particularmente, algo diferente do que digo a todos os outros, não diz a verdade.

Mas por que então algumas pessoas apreciam passar tanto tempo comigo? Vocês já ouviram, ó homens de Atenas, pois eu já disse isso. É porque elas gostam de ver como são examinadas essas pessoas que pensam ser sábias, embora não o sejam. Certamente isso não é mesmo nada desagradável de ver. Mas como já disse, o que faço é para atender ao deus, que assim me ordenou por meio do oráculo, de sonhos e dos outros meios que o poder divino tem utilizado para comunicar sua vontade aos homens. Isso, ó homens de Atenas, é uma verdade bem fácil de comprovar. E se eu sou verdadeiramente um corruptor de jovens, seria inevitável que alguns desses corrompidos por mim, hoje mais velhos, desejassem me denunciar e exigissem que eu fosse punido, ao reconhecerem que lhes dei maus conselhos quando eram jovens. E se caso eles mesmos não quisessem me punir pessoalmente, alguns de seus familiares, pais, irmãos ou outros parentes que se sentissem ultrajados, poderiam vir para expor os fatos e se vingarem de mim.

Mas o que vejo é que muitos desses estão aqui presentes: primeiro Críton, que tem a minha idade, vem do meu demo[22] e é pai de Cristóbulo; depois Lisânias, de Esfécio,

---

[22] Clístenes, nobre ateniense que reformou a democracia de Atenas, definiu três tipos de divisão administrativa: as tribos, as trítias e os demos. O conjunto de demos formava as trítias, que eram agrupadas em dez tribos.

pai de Ésquino; e Antifonte de Cefísea, pai de Epígenes. E aqui também estão outros, cujos irmãos participam, de fato, de minhas conversas. Nicostrato, filho de Teozótides e irmão de Teodoto — e como Teodoto está morto, nada o impediria de depor contra mim. Ali está também Parálio, filho de Demódoco, que era irmão de Teages; [34] e Adimanto, filho de Ariston, com seu irmão Platão; e Aiantodoro, com Apolodoro, seu irmão. E posso apontar muitos outros, aos quais Meleto, em seu discurso, poderia certamente ter citado como testemunhas. E se ele não pensou nisso, ainda há tempo, pois eu lhe dou a vez para que o faça, passando a palavra a essas testemunhas.

Mas ele bem sabe que ocorrerá exatamente o oposto, ó homens, pois todos esses estão prontos a defender aquele que "corrompeu" e "injuriou" seus familiares, como afirmam Meleto e Anito. Talvez se pudesse pensar que os "corrompidos" por mim teriam motivos para me ajudar, mas que interesse moveria seus parentes, homens mais velhos e não corrompidos por minhas palavras, que outra razão teriam para depor a meu favor, senão por estarem convencidos de que Meleto mente e eu digo a verdade?

Pois bem, é isso, ó homens. O que tenho a dizer em minha defesa é isso, ou qualquer coisa não muito diferente disso. Talvez alguns dentre vocês estejam irritados comigo ao se lembrarem de quando suplicaram aos juízes com muitas lágrimas, diante de situação menos grave, trazendo até aqui todos os seus filhos, parentes e amigos, a fim de os comover e de despertar sua piedade. É claro que não farei nada disso, mesmo enfrentando, como tudo parece indicar, a maior das ameaças. Pode ser que essa minha conduta desperte em alguns de vocês pensamentos de ódio contra mim, levando-os a dar o seu voto com extrema cólera. Agora, se há aqui alguém que seja capaz de tal atitude — embora eu não possa crer que haja semelhante pessoa —, acredito que poderia então lhe dizer: ó amigo, eu também tenho parentes e posso dizer, assim como disse Homero, que não nasci de um carvalho ou de uma pedra,[23] mas de seres humanos, e tenho, por conseguinte, não apenas familiares, mas três filhos, ó homens de Atenas, um deles bem crescido e os outros dois ainda pequenos. Mas não farei nenhum deles vir até aqui para suplicar por minha absolvição. E por que não? Certamente, ó atenienses, não se trata de orgulho ou de desrespeito a vocês — pois se vejo a morte com coragem, ou não, isso é outro assunto —, mas é por meu bom nome, pelo de vocês e por toda a cidade, que penso não ser conveniente utilizar esses meios. [35] Ainda mais se considerarmos minha idade e reputação, seja esta verdadeira ou falsa, pois, de fato, prevalece a opinião de que Sócrates é, de algum modo, superior à maioria dos homens.

Na verdade, se qualquer um de vocês que se considera superior em sabedoria, coragem ou em qualquer outra virtude agisse desta forma, seria vergonhoso. Eu mesmo já vi, muitas vezes, pessoas que têm alguma reputação, agindo de modo espantoso quando chamadas ao tribunal, como se pensassem que haveriam de sofrer algo terrível se fossem mortas. Pareciam acreditar que permaneceriam imortais, se acaso não fossem mortas por vocês. A meu ver, esse tipo de gente desonra a cidade, e algum estrangeiro poderia dizer que os escolhidos pelos atenienses para ocupar cargos e receber honrarias por suas virtudes não são melhores que mulheres.

Pois então é isso o que não devemos fazer, ó homens de Atenas, nós que temos alguma reputação, seja ela qual for, e deveres a cumprir. E se alguém se conduzir assim, vocês devem deixar claro que estarão mais dispostos a condenar os que promovem encenações ridículas, envergonhando

---

[23] Na *Odisseia* (XIX, v. 163), Penélope pergunta a Odisseu, disfarçado de mendigo, qual sua raça e sua pátria, pois ele não seria, certamente, nascido de um carvalho legendário ou de qualquer rocha. Em *Teogonia* (v. 35), Hesíodo também usa uma expressão derivada dessa: "Mas, deixemos de circunlóquios sobre carvalho e pedra".

a cidade, que aqueles que aguardam com tranquilidade a sentença. Mas pondo de lado a reputação, ó homens, não me parece certo que alguém suplique aos juízes para tentar fugir à condenação, em vez de informá-los e persuadi-los. Porque os juízes não estão aqui para ceder diante de tais atitudes, mas para fazer valer a justiça. O juramento que fizeram não foi para beneficiar a quem bem lhes parece, mas para julgar segundo as leis. E por isso não devemos permitir que eles tolerem o perjúrio nem que permitam a si próprios o costume de jurar em falso, pois nenhum de nós estaria sendo correto. Não esperem, portanto, ó homens de Atenas, que eu tenha, diante de todos, atitudes que não considere belas, justas ou piedosas, especialmente em um momento como este, por Zeus, em que devo me defender da acusação de não crer nos deuses, pela qual Meleto me trouxe até aqui.

E é por isso que, se pela persuasão ou pela súplica, eu os condenasse a quebrar seus juramentos, pela persuasão ou pela súplica, estaria ensinando o desrespeito aos deuses e, ao me defender, estaria acusando a mim mesmo de não crer nos deuses, algo que está muito longe de ser verdade. Pois eu creio, ó homens de Atenas, mais que qualquer um de meus acusadores crê. E agora me coloco diante de vocês, e também do deus, esperando que possam decidir pelo que for melhor, tanto para mim quanto para vocês.

PARTE II

[36] Muitos motivos me levaram a permanecer indiferente, ó homens de Atenas, diante dos votos que me condenaram. Um deles, o fato de não ser nenhuma surpresa para mim tal resultado. Só me surpreendi com o número de votos contra e a favor. Eu não esperava tão pequena maioria, mas uma diferença maior. Parece que se apenas trinta votos tivessem sido dados de outro modo, eu estaria livre. Bem, mas ao menos acho que me livrei de Meleto. Não apenas me livrei dele como ficou claro para todos que se Anito não tivesse vindo até aqui para me acusar, acompanhado de Lícon, ele poderia ter sido condenado a pagar mil dracmas por não ter obtido a quinta parte dos votos.

O que o homem determina para mim é a pena de morte. Pois bem, em contrapartida, o que devo propor, ó homens de Atenas? Certamente aquilo que penso merecer, não é? E o que seria? O que mereço pagar, ou receber, por não ter vivido uma vida acomodada e por ter negligenciado aquilo que os outros homens tanto valorizam, como riquezas, negociações, cargos públicos, postos militares e outras dignidades, além das conspirações, tão frequentes na *pólis*? E por ter sido, na verdade, um homem honesto o bastante para fugir dessas atividades e não ir ao encontro dessa vida? Eu que — deixando de lado todas essas coisas, por meio das quais não poderia ser útil nem a vocês, nem a mim mesmo — me devotei a beneficiar, individualmente, cada um de vocês com o maior dos benefícios, pois tentei persuadi-los a não se ocuparem demais com seus próprios interesses, dedicando mais atenção à própria perfeição; a valorizarem mais a sabedoria que as suas propriedades e, em vez de atuar nos negócios da cidade, atuar em favor dos interesses da própria cidade, assim pensando e agindo, da mesma forma, em favor de todas as outras coisas.

Então, o que um homem como eu merece receber? Uma recompensa, ó homens de Atenas, já que devo propor algo verdadeiramente de acordo com aquilo que acredito merecer. Algo que seja bom e conveniente para mim. E o que melhor convém a um homem pobre, que é seu benfeitor, e que precisa de tempo livre para aconselhá-los? Não há nada mais conveniente, ó homens de Atenas, que alimentar tal homem no Pritaneu.[24] Isso parece mais merecido para mim que para aquele que vence as corridas em Olímpia, com um par de cavalos ou com quatro rédeas.[25] Enquanto esse homem faz que vocês pareçam felizes, eu faço que sejam felizes verdadeiramente. E se ele não tem qualquer necessidade de ser sustentado, eu, sem dúvida, preciso. Assim, se devo observar o costume e propor uma penalidade de acordo com aquilo que mereço, [37] minha proposta é esta: ser alimentado no Pritaneu.

Pode parecer a alguns de vocês, diante dessas palavras, que estou me lamentando ou implorando. Falo com altivez, ó homens de Atenas, mas isso não importa. Na verdade, o que importa é a minha certeza de que, conscientemente, jamais fui injusto com homem algum. Não pude convencê-los disso, contudo, pois conversei pouco tempo com cada um de vocês. Acredito que, se as suas leis fossem como as dos outros homens, uma pena de morte não

---

[24] O Pritaneu era o edifício onde se guardavam as leis de Sólon. Lá eram alimentados à custa do Estado os generais vitoriosos, os vencedores dos jogos olímpicos e os que beneficiavam a cidade. A atitude de Sócrates, nesse momento, pode ser compreendida como uma provocação.

[25] A cidade de Olímpia abrigava templos e estádios para os Jogos Olímpicos, nos quais concorriam atletas de toda a Hélade.

poderia ser decidida em um único dia, mas em muitos, e seria possível persuadi-los. Mas agora, em tão pouco tempo, é impossível desfazer calúnias tão arraigadas.

Assim como estou certo de nunca ter sido injusto com ninguém, bem distante também estou de querer ser injusto comigo mesmo, de dizer que mereço algo ruim, ou de propor para mim algum tipo de punição. E o que poderia temer? A pena estipulada por Meleto, que eu afirmo ignorar se é um bem ou um mal? Ou então, em vez disso, será que deveria propor algo que soubesse ser um verdadeiro mal? Como a prisão, talvez? Sim, mas por que devo passar a vida na prisão, escravo das autoridades e do poder dos Onze? Ou então, quem sabe, uma multa, permanecendo preso até pagá-la completamente? Mas isso daria no mesmo para mim, visto que, como disse ainda agora, não tenho dinheiro para pagar. Deveria, então, propor o exílio? Talvez vocês concordassem em estipular essa pena, mas eu precisaria ter, de fato, um excessivo apreço pela vida para me tornar tão irracional a ponto de não ser capaz de compreender que, se vocês, ó homens de Atenas, meus concidadãos, não puderam suportar minha forma de ser e os meus discursos — os quais se tornaram um fardo tão pesado e desagradável que agora tentam livrar-se deles —, será que os outros estariam dispostos a ouvi-los? Certamente que não, ó atenienses. Que bela vida seria para um homem, na minha idade, ter de vagar, de cidade em cidade, vivendo como um proscrito. Pois eu sei que, aonde quer que vá, os jovens ouvirão minhas palavras, como ocorre aqui. Se os afastar de mim, eles mesmos irão convencer os mais velhos a me expulsar, mas se não os rejeitar, serei banido por seus pais e familiares.

Talvez alguém viesse a me perguntar: "Então você não poderia viver quieto, ó Sócrates, em silêncio, depois de nos deixar?" Eis o que me parece mais difícil fazer alguns de vocês compreenderem. Pois se eu disser que tal conduta seria uma desobediência ao deus, e que por isso eu não poderia permanecer quieto, [38] vocês pensariam que estou zombando e não acreditariam em mim. Mas, por outro lado, se disser que o maior bem para um homem é justamente discorrer sobre a virtude e sobre outros temas a respeito dos quais me ouvem falando todos os dias, enquanto examino a mim mesmo e aos outros, e também que a vida, se não for examinada, não merece ser vivida, vocês acreditariam ainda menos.

É exatamente como digo, ó homens, contudo sei que não será fácil convencê-los disso. Por outro lado, não estou habituado a pensar que mereço algo mau. Se tivesse dinheiro, poderia apresentar uma quantia que me fosse fácil pagar, e isso, certamente, não me traria nenhum dano. O fato, porém, é que não tenho nada. Se aceitarem uma quantia que me seja possível pagar, sugiro uma mina de prata. Esse é, portanto, o valor que proponho. Platão, que ali está, ó homens de Atenas, e Críton, e Cristóbulo, e Apolodoro, acenam para que eu proponha trinta minas, sob sua fiança. Pois então é esse o valor que proponho, e esses homens, dignos de crédito, serão fiadores da prata.

PARTE III

Por não terem a paciência de esperar um pouco mais, ó homens de Atenas, vocês receberão, juntamente com esses que desejam difamar nossa cidade, a recriminação e a fama de terem matado Sócrates, um homem sábio. Porque, para aumentar sua desonra, eles me chamarão de sábio, ainda que eu não queira isso. Agora, se vocês tivessem esperado pouco tempo mais, tudo teria se resolvido por si mesmo, pois vejam a minha idade, já estou bem avançado na vida e muito perto da morte. Não digo isso para todos vocês, mas apenas para aqueles que votaram por minha condenação à morte. E é para esses que digo agora estas palavras:

Talvez pensem, ó homens de Atenas, que fui condenado por não saber usar as palavras e os argumentos necessários para persuadi-los e evitar minha condenação. Bem longe disso. Se fui condenado, não foi por falta de palavras ou argumentos, mas pela falta de atrevimento, cinismo e disposição para lhes dizer aquilo que desejavam ouvir: eu me lamentando, chorando e, como já disse, fazendo e dizendo muitas outras coisas indignas, semelhantes às que vocês estão acostumados a ouvir de outros. Mesmo agora, ao perceber o que se impõe ao meu destino, não seria capaz de agir de forma servil, e também não me arrependo de como conduzi minha defesa, pois prefiro morrer depois de ter me defendido da forma que o fiz a dever a vida a uma defesa covarde.

[39] Diante de um tribunal, como também na guerra, não convém, nem a mim, nem a ninguém, o empenho de tudo fazer para escapar à morte. E todos sabem que aquele que abandona as armas nas batalhas e suplica aos

seus perseguidores muitas vezes volta para casa e escapa de morrer. Na verdade, diante de cada ameaça, muitos são os recursos para se fugir da morte, quando se está disposto a tudo dizer ou fazer. Pois, o mais difícil, ó homens, talvez não seja evitar a morte. Muito mais difícil é escapar da maldade, que voa mais rapidamente do que a morte corre. E, agora, como estou cansado e velho, fui pego pela mais lerda, enquanto meus acusadores, mais ágeis e poderosos, foram tomados pela mais veloz: a maldade.

Devo, portanto, partir para a morte à qual me condenaram. Quanto a vocês, a verdade irá condená-los à infâmia e à injustiça. A mim cabe aceitar minha pena, e a eles, aceitar a deles. Pode ser que essas coisas tivessem mesmo de se passar assim, e acredito que elas estejam dentro de uma justa medida. Mas agora, em seguida, desejo profetizar aquilo que em breve acontecerá aos que votaram contra mim. Pois estou justamente na situação em que um homem profetiza melhor: quando está perto de morrer.

Pois eu digo, ó homens, a vocês que me condenaram: logo após a minha morte, receberão um castigo, por Zeus, muito pior do que a morte imposta a mim. Vocês fizeram isso por acreditar que ficariam livres de prestar contas sobre sua vida, mas lhes garanto que o resultado será completamente diferente. Os que irão contestá-los surgirão mais numerosos que antes, visto que, sem que vocês percebessem, quem os conteve até agora fui eu. E quanto mais jovens, mais intensamente serão tomados pela cólera. O fato é que, se pensam que matando homens poderão se livrar de reprovações, por não agirem corretamente, estão pensando errado. Esse modo de se livrar de recriminações dificilmente funciona e não tem nada de belo, enquanto o empenhar-se para tornar melhor a si mesmo é, certamente, muito belo e fácil. Agora, após fazer essas profecias para vocês que me condenaram, estou livre para partir.

Por agora, eu gostaria de ter o prazer de conversar sobre o que acaba de acontecer com esses que votaram por minha absolvição, enquanto os outros estão ocupados e não chega o momento de seguir para o lugar onde devo morrer. Fiquem comigo, ó homens, pelo tempo que me resta, pois nada nos impede de conversarmos uns com os outros enquanto isso for possível. A vocês, que considero amigos, [40] quero revelar o significado do que está acontecendo comigo. Pois a mim, ó homens juízes — e ao chamá-los juízes dou-lhes o nome que merecem —, acontece algo admirável: uma intuição profética, divinal, manifesta-se sempre para mim, opondo-se a quaisquer de minhas atitudes, mesmo as mais insignificantes, caso esteja para fazer algo incorreto. Agora, porém, aconteceu comigo, como todos puderam ver, aquilo que qualquer um considera ser o pior dos males, pois é assim que realmente se pensa, mas o sinal divino não se manifestou. Nem quando saí de casa hoje cedo, nem quando me apresentei a este tribunal, nem durante o tempo que durou o meu discurso, quando ia dizer algo, embora em muitas outras ocasiões essa intuição tenha interrompido minha fala, deixando os meus discursos pelo meio. No decorrer deste processo, todavia, nem uma só vez ela se opôs a qualquer um de meus atos ou palavras.

E qual poderia ser o motivo disso? Pois eu vou dizer a vocês. É bem possível que tudo o que está me acontecendo seja um bem, e talvez não passe de engano a ideia de que a morte é um mal. Em relação a isso, considero como evidência maior o fato de o costumeiro sinal divino não ter me alertado, pois ele o teria feito se eu não estivesse para realizar algo de bom. Podemos ainda considerar que há razões para se esperar que a morte seja um bem, porque morrer é uma ou outra destas duas situações: ou não há nada e o morto não tem percepção de coisa alguma, ou é, como se diz, uma mudança, uma migração da alma deste lugar para outro. E se a morte for a privação de todas as sensações, como um sono sem sonhos para quem dorme, que presente admirável seria!

Pois eu creio que se alguém tomasse uma noite em que caiu em sono profundo, sem sonhos, para comparar com todas as noites e dias de sua vida e, após refletir, dizer quantos dias e noites foram mais agradáveis e doces que aquela noite, penso que não só uma pessoa comum, como até mesmo um grande rei, acharia que essas noites são mais fáceis de contar,[26] se comparadas com os outros dias e noites. Se a morte for assim realmente, devo dizer que é uma dádiva, uma vez que resume a totalidade do tempo, reduzindo-o a uma única noite.

Mas, por outro lado, se a morte for como uma mudança, daqui para outro lugar, onde ficam, segundo dizem, todos os mortos, que bem maior poderia existir, ó homens juízes? Pois ao chegar ao Hades, [41] livres daqueles que se pretendem juízes, nos encontraríamos diante dos juízes verdadeiros, aqueles que, segundo se diz, por lá estabelecem a justiça: Minos, Radamante, Eacos e Triptólemo, além de outros semideuses, que foram justos durante a vida. Ora, não seria mesmo algo extraordinário essa partida? Imaginem o que alguém não daria para conversar com Orfeu, Museu, Hesíodo e Homero?[27] Eu mesmo, se isso for verdade, quero morrer infinitas vezes, pois, particularmente, acharia maravilhoso passar o tempo em conversas com Palamedes ou Ájax, o filho de Telamon,[28] ou qualquer um desses antigos que morreram por uma condenação injusta,

---

[26] Mais fáceis de contar por serem em menor número.

[27] Orfeu e Museu são heróis mitológicos. Orfeu, filho de Apolo e da ninfa Calíope, era poeta e músico sem igual. Museu, filho de Orfeu, após a morte do pai, recolheu sua obra poética. Homero e Hesíodo são poetas (*aedos*) do período arcaico.

[28] Palamedes desmascarou Odisseu, que fingira um acesso de loucura para não acompanhar os gregos a Troia; Ájax, filho de Telamon, lutou contra Heitor e, após a morte de Aquiles, disputou com Odisseu a armadura do herói morto. Odisseu, por se mostrar melhor orador, ganhou o prêmio.

visto que, segundo penso, não deixaria de ser agradável comparar minhas desventuras com as deles. E ainda melhor seria poder passar meu tempo examinando e comparando os de lá como fiz com os daqui, para distinguir os que são sábios daqueles que não o são. Que preço alguns de nós não seriam capazes de pagar, ó homens juízes, para conhecer bem de perto aquele que conduziu a grande expedição até Troia, ou Odisseu, ou Sísifo,[29] ou ainda inúmeros outros homens e mulheres que poderíamos mencionar, com os quais seria uma felicidade inexprimível conviver, dialogar e, assim, poder observá-los? Os de lá, ao menos, não matam ninguém e são mais afortunados que os daqui, pois bem melhor que a nossa condição é a sua, de permanecerem imortais por todo o tempo que virá, se o que dizem a respeito disso for verdade.

Mas vocês também necessitam, ó homens juízes, encarar a morte de forma esperançosa e guardar na mente esta verdade: para um homem bom, não há mal algum que realmente o afete, nem durante sua vida, nem depois de sua morte, já que os deuses não se descuidam de suas necessidades. E tudo o que está para me acontecer não foi resultado do acaso, pois me parece evidente que morrer agora e ficar livre de minhas preocupações é o melhor para mim.

E foi por isso que o sinal divino não se manifestou em nenhum momento. Também por isso não senti ressentimento algum contra os que me acusaram nem contra aqueles que votaram contra mim. No entanto, não foi exatamente com essa intenção que me acusaram e me condenaram, mas por imaginar que me fariam mal. E por isso, certamente, devem ser censurados.

---

[29] Odisseu, ou Ulisses, era filho de Laertes, rei de Ítaca. O poema de Homero, *Odisseia*, relata a longa viagem do herói, de volta para casa, após a queda das muralhas de Troia.

Eu ficaria bem satisfeito, contudo, se fizessem algo por mim: quando meus filhos chegarem à juventude, peço que os ajudem, ó homens, atormentando-os como atormentei vocês, se eles cuidarem com mais empenho das riquezas que da virtude. E se pensarem de si mesmos algo que na realidade não são, espero que sejam repreendidos por vocês, assim como os repreendi, pois assim eles não pensarão ser o que não são. [42] E se fizerem isso, receberemos de vocês o que é justo: eu e meus filhos.

Agora, porém, é hora de partirmos. Eu seguirei para a morte e vocês, para a vida. Quem de nós se encaminha para uma melhor situação, é obscuro para todos, menos ao deus.

O BANQUETE

INTRODUÇÃO

MARIA APARECIDA DE OLIVEIRA SILVA*

O Banquete insere-se na tradição literária de um diálogo dentro do outro, isto é, sua narrativa inicia-se com um diálogo que logo se desdobra em outro. Dessa maneira, o primeiro diálogo remete o leitor ao presente dos interlocutores da obra, em seguida eles nos encaminham para outro diálogo que ocorreu no passado. O segundo diálogo é conhecido por meio de um relato pertencente a uma tradição oral que se revela transmissora de conhecimento, um dado característico da cultura grega, que por muito tempo serviu-se da oralidade em vez da escrita para transmitir seus valores e práticas culturais. Por isso, *O Banquete* aproxima-se mais de uma narrativa em prosa que em forma de diálogo.

O espaço em que ocorrem os diálogos é a casa de Agatão, poeta trágico que realiza um festim para comemorar o primeiro lugar obtido com sua peça em um concurso. Tal disputa ocorreu no Festival das Leneias, ou Festa dos Tonéis de Vinho, que, no Período Arcaico, eram realizadas em meados de janeiro, com uma procissão e sacrifícios. Somente no Período Clássico, após 450 a.C.,

* Pós-doutora em Letras Clássicas pela Universidade de São Paulo. Professora visitante no Programa de Pós-Graduação em Letras Clássicas da Universidade de São Paulo. Autora de *Plutarco Historiador: Análise das Biografias Espartanas*, Edusp, 2006 e de *Plutarco e Roma*: *O Mundo Grego no Império*, Edusp, 2014.

os concursos dramáticos foram incorporados a essas festividades. Calcula-se que Agatão tenha participado do festival realizado em 416 a.C., no entanto, é dito no diálogo que o poeta trágico não se encontra mais na cidade de Atenas, e sabe-se que ele a deixou em 406 a.C. e que a morte de Sócrates ocorreu em 399 a.C. Portanto, os anos de 405 a 399 a.C. representam o arco temporal possível para que o diálogo tenha acontecido, porém a sua escrita é datada de 380 a.C.

A narrativa platônica começa com um conhecido de Apolodoro, Glauco, solicitando que ele lhe conte os diálogos realizados durante o banquete ocorrido na casa de Agatão, de onde conhecemos os dois primeiros personagens do primeiro diálogo. Para a surpresa de Glauco, Apolodoro lhe diz que não estava presente no banquete, pois ainda era criança à época de sua realização. Então Apolodoro, discípulo ardoroso de Sócrates, conta a Glauco que soube de seu conteúdo por intermédio de Aristodemo, mas que ele também havia conversado com Sócrates para que ele confirmasse o que foi dito por Aristodemo, dado que confere legitimidade a sua reprodução do diálogo. Após situar Glauco temporalmente e sobre as circunstâncias como conheceu os discursos proferidos pelos presentes no banquete, Glauco e Apolodoro iniciam sua conversa enquanto caminham até a cidade.

Apolodoro então relata a Glauco alguns pequenos episódios anteriores aos discursos, além dos que sucederam no próprio banquete entre um discurso e outro. O primeiro dos sete discursos proferidos para elogiar e louvar Eros, tema sugerido por Erixímaco, foi o de Fedro. O orador exalta a origem de Eros, pela qual é admirado por homens e deuses, em razão de sua primordialidade, por ser o deus mais velho de todos. Na sua visão, Eros incita a realização de bens, sendo o mais importante deles a relação de amor entre o amante e o amado, uma vez que o amor orienta os que desejam viver uma vida honesta. O dado mais interessante no discurso de Fedro é que o amor de Eros acontece a despeito da origem familiar, dos títulos que se ostentam ou da riqueza que se possui. Assim, guiado por Eros, a finalidade do amor é inspirar os amantes a práticas de ações belas e boas.

Pausânias é o segundo a tecer um discurso elogioso a Eros. O orador inicia seu discurso criticando o de Fedro, o que podemos afirmar que é a tônica de sua fala. Primeiro, ele destaca que Eros não é único, tal como afirmara Fedro, e o adverte de que Eros não atua sozinho, visto que é inseparável da deusa Afrodite, e que há duas deusas, a Urânia ou Celeste e a Pandemo ou Popular. Como Eros acompanha Afrodite, por conseguinte, também há dois Eros, o Urânio e o Pandemo. Este está relacionado ao amor vulgar, que acontece ao acaso, típico dos homens comuns, preocupados apenas com os prazeres sexuais, enquanto aquele objetiva viver eternamente ao lado do ser amado, nunca o engana e não se deixa levar por prazeres imediatos. Assim, nem todo Eros é belo e louvável, porque o deus só se torna detentor dessas qualidades quando inspira um amor que é belo e louvável. Ao contrário de Fedro, Pausânias afirma que a ação bela e boa deve se fundamentar na justiça, não no amor.

Proponente do tema debatido, Erixímaco é o terceiro a discursar no banquete de Agatão. O orador começa seu discurso dizendo que Pausânias não soube concluir a sua fala e que o seu propósito é completar o que foi dito anteriormente. Para Erixímaco, as almas dos homens não são as únicas a serem contempladas com a presença de Eros, mas também a dos animais, a de todos aqueles que brotam da terra, e está ainda em toda a natureza. Por sua formação na arte médica, o orador estabelece um paralelo entre a saúde e a doença para explicar que há dois Eros na natureza: um desperta um amor no corpo são, e outro, no doente. Dessa maneira, o amor busca a harmonia entre os contrários, dentro de uma visão em que os opostos se procuram para que se estabeleça o equilíbrio de seus corpos, tal como os sons dissonantes que compõem uma música.

O quarto discurso é de Aristófanes, famoso comediógrafo grego. O ponto em que se centra esse orador é o desconhecimento humano sobre o poder de Eros e, para explicar melhor a sua assertiva, relata aos presentes o mito da natureza humana, com o intuito de esclarecer as transformações pelas quais ela passou. Aristófanes conta, então, que havia três sexos: o masculino, o feminino e o andrógino, todos tinham a forma esférica, com quatro mãos e quatro pernas, duas faces iguais em uma só cabeça, viradas, sobre um pescoço redondo. Esses homens esféricos eram robustos, vigorosos e corajosos e, por essas qualidades, decidiram dominar o Olimpo e tomar o poder de Zeus. Ciente desse plano, o deus supremo passou a refletir sobre como puniria esses seres. Após pensar muito, Zeus decide parti-los ao meio para reduzir o seu poder e mantê-los vivos para que cultuassem os deuses, mas a partilha desses humanos também resulta na constante busca da parte que lhes falta. E Aristófanes explica que o amor é o desejo e ânsia pela busca dessa unidade primordial.

O anfitrião do banquete é dono do quinto discurso. Agatão inicia sua fala criticando os que já haviam proferido seus elogios a Eros. No seu ponto de vista, nenhum de seus companheiros examinou a natureza de Eros. Eles se equivocaram ao analisar os benefícios que o deus traz aos amantes sem conhecer a sua essência. Portanto, os oradores anteriores não louvaram nem elogiaram Eros, mas sim suas dádivas, e somente reconheceram como felizes os homens que foram tocados pelo deus. O tragediógrafo ainda discorda de Fedro e afirma que Eros é o deus mais jovem, que sua juventude é eterna e, além disso, é um deus delicado, pois não caminha pela terra, vive suspenso sobre as cabeças dos homens. Agatão afirma que a justiça, a temperança e a coragem são as características marcantes de Eros, que representam a sua natureza.

O discurso considerado mais importante deste diálogo é o de Sócrates, o sexto orador a se pronunciar. O filósofo abre seu elogio afirmando que reproduzirá um discurso ouvido de Diotima, uma mulher natural da cidade de Mantineia, considerada por ele sábia e a quem atribui todo o seu conhecimento sobre o amor. Sócrates começa dando razão a Agatão sobre a questão de que primeiro se deve analisar a natureza e os atributos de Eros, e explica que o método mais fácil para demonstrar seu ponto de vista é o interrogativo, o que ele aprendeu com a própria Diotima. O filósofo sustenta que Eros é uma divindade (*daímōn*) que intermedia a comunicação entre os deuses e os homens, quando conta aos presentes o mito de seu nascimento. Segundo ele, o deus nasceu de Poros (Recurso) e de Penia (Pobreza), por isso vive na miséria como sua mãe e dá atenção a tudo o que é belo e gracioso, como seu pai. Assim o deus oscila entre a sabedoria e a tolice.

O último a discursar é Alcibíades, que não participava do banquete e ainda chegou completamente embriagado ao festim. O rapaz mostra-se perdidamente apaixonado por Sócrates e pouco fala sobre Eros. Ele dedica suas palavras à exaltação do amado e, ao mesmo tempo, destila seu ciúme com palavras ofensivas por seu amado estar sentado ao lado de belos homens. Dessa maneira, Alcibíades descreve a trajetória de Sócrates para se tornar um homem virtuoso, que representa o pensamento platônico sobre os caminhos que o amante tem de trilhar para alcançar a moderação e ser belo em si, o que o torna um ser preparado para exercer a virtude.

Em um tom jocoso, visto que se encontra embriagado, o belo Alcibíades também critica Sócrates por julgar que ele não lhe dedica a atenção necessária, que o seu amor por ele é desdenhado, que o filósofo se mostra amável e solícito a todos os belos, queixando-se que ele sempre procura sentar-se ao lado deles. Após as queixas de Alcibíades, os presentes são surpreendidos por membros do Cômos —

uma festa dórica com cortejos de canto e dança em honra aos deuses —, que invadem o recinto e dispersam os presentes, encerrando a série de discursos elogiosos de Eros. É interessante notar que Platão, por meio das palavras de Alcibíades, demonstra o quanto o amante é regido pelas paixões e como o ciúme é algo tão forte e dominante nele, visto que Alcibíades não consegue conter seu sentimento diante dos presentes.

Assim, pode-se observar que *O Banquete* é um diálogo dedicado ao elogio e ao louvor de Eros. Platão, com toda a sua maestria literária e filosófica, serve-se de excertos poéticos, narrativas míticas, conceitos da arte médica e de teorias filosóficas para examinar e definir a natureza e os atributos de Eros, ao mesmo tempo questionando e analisando esse sentimento singular chamado amor. Por sua riqueza narrativa, *O Banquete* é uma obra convidativa, que desperta no leitor reflexões e sentimentos únicos, configurando-se como um texto obrigatório para os amantes de uma boa leitura.

O BANQUETE*

172a APOLODORO

— Penso que não estou despreparado a respeito do que me perguntais. E há pouco, quando vinha de minha casa em Falero[1] para a cidade, um conhecido atrás de mim viu-me e de longe me chamou, brincando: "Falereu![2] Ei, Apolodoro,[3] não me esperas?". E eu parei e o esperei. E ele continuou: "Apolodoro, há pouco eu te procurava porque queria saber sobre a reunião de Agatão,[4] Sócrates,[5] Alcibíades[6] e

b os outros, que então estavam presentes no banquete,[7] e a respeito de quais foram os seus discursos sobre o amor. Pois alguém me contou que os ouviu de Fênix, filho de Filipo, e disse que tu também os conhecias. Mas ele nada podia dizer com clareza. Conta-me tu, pois és o mais apropriado para relatar as palavras do teu companheiro". E ele continuou: "Antes disso, dize-me, estiveste presente nessa reunião ou não?". E eu respondi: "Certamente, parece que nada te narrou

c de exato o teu narrador, se pensas que a reunião sobre a qual me perguntas aconteceu recentemente, de sorte que eu estivesse presente". Ele disse: "Penso, sim". E eu repliquei: "Como, Glauco?[8] Não sabes que há muitos anos Agatão não vem aqui, e que desde que eu convivo com

---

* A presente tradução foi realizada com base no texto grego estabelecido por John Burnet em *Platonis Opera*, volume II, da série Oxford Classical Texts, publicada pela Oxford University Press, no ano de 1973, cuja primeira edição é de 1901.

Sócrates e me preocupo em saber a cada dia o que ele diz ou faz não tem três anos ainda?

173a Antes disso, dando voltas por aí, ao acaso, e pensando que fazia algo importante, eu era mais infeliz que qualquer outro, não menos que tu agora, que pensas que deves fazer qualquer coisa menos filosofar". E ele disse: "Não zombes. Dize quando ocorreu essa reunião". E eu respondi: "Quando ainda éramos crianças, quando Agatão venceu com sua primeira tragédia, no dia seguinte ao que ele e os seus coreutas[9] haviam realizado o sacrifício pela vitória no festival". E ele replicou: "Então isso foi há muito tempo, como parece. Mas quem te contou? O próprio Sócrates?".

b Eu respondi: "Não, por Zeus,[10] mas sim quem contou a Fênix. Foi um certo Aristodemo[11] de Cidateneu,[12] um homem baixo, sempre descalço, que estava presente na reunião e que entre os demais era o mais apaixonado por Sócrates naquele tempo, creio eu. No entanto, já perguntei a Sócrates sobre algumas coisas que ouvi dele, e ele confirmou o que me fora dito".

"Por que não me contas? A estrada para a cidade é completamente adequada para os que nela viajam tanto falar como ouvir".

Assim, enquanto caminhávamos, conversamos sobre isso,

c de sorte que, como disse no início, não estou despreparado. Então, se isso deve ser contado a vós também, preciso fazê-lo. Aliás, quando algumas palavras sobre filosofia eu mesmo digo ou ouço de outros, além de pensar na sua utilidade, alegro-me imensamente. Mas, quando são sobre outros assuntos, sobretudo os vossos, dos ricos e negociantes, eu me irrito e tenho piedade de vós, meus companheiros, que pensais fazer algo importante,

d quando não fazeis nada. Talvez acreditais que eu seja um infeliz, e suponho que vós pensais que isso é verdade. No entanto, quanto a vós, eu não suponho, mas sei com certeza.

COMPANHEIRO
— És sempre o mesmo, Apolodoro! Sempre falas mal de ti mesmo e dos outros, e parece-me que simplesmente pensas que todos são infelizes, exceto Sócrates, a começar por ti mesmo. Por que te consideram terno, eu mesmo não sei; pois em tuas palavras sempre és assim, ficas irritado contigo e com os outros, exceto com Sócrates.

APOLODORO
— Meu caro, quer dizer então que, por pensar assim sobre mim e sobre vós, estou louco e deliro?

COMPANHEIRO—
— Não vale a pena brigar por isso agora, Apolodoro; mas, quanto ao que te pedíamos, não ajas de outro modo, conta quais foram os discursos.

APOLODORO
— Eles foram mais ou menos os seguintes —
174a desde o início, do modo como Aristodemo me contava, também eu tentarei contar.
Ele disse que encontrou Sócrates banhado e calçando sandálias, o que era raro, e perguntou aonde ia tão bonito.
E Sócrates respondeu: — Ao jantar de Agatão. Pois ontem evitei as celebrações de sua vitória, por temer a multidão; mas concordei em estar presente hoje. Embelezei-me para isso, a fim de ir belo à casa de um belo. Mas e tu — ele disse —,
b irias ao jantar, apesar de não ter sido convidado?
E eu respondi: — Se assim quiseres.
— Então vem comigo — disse Sócrates —, e corrompamos o provérbio, mudando-o para "ao jantar de Agatão, os bons vão espontaneamente".[13] Homero[14] se arrisca não só a destruir, mas também a transgredir esse provérbio: fez de Agamêmnon[15] um varão especialmente bom

c na guerra e Menelau[16] um "débil lanceiro", e, enquanto Agamêmnon fazia um sacrifício e se alimentava, ele imaginou Menelau chegando sem convite ao banquete, um pior na refeição de um melhor.

Ao ouvir essas palavras, Aristodemo disse: — Não como tu dizes, Sócrates, e sim como disse Homero, correrei o risco de ir sem convite, como um insignificante, ao banquete de um homem sábio. Vê, já que estás me levando, se terás uma desculpa, pois não aceitarei

d ir sem convite, mas aceito ir como teu convidado.

— Nós dois juntos — disse Sócrates —, pondo-nos a caminho,[17] decidiremos o que dizer. Agora vamos.

Aristodemo contou que, após terem conversado sobre tais assuntos, partiram. Sócrates, que andava absorto pelo caminho, ficava para trás. Quando Aristodemo parava para esperá-lo, Sócrates pedia-lhe que seguisse adiante. Quando estava na casa

e de Agatão, Aristodemo disse que encontrou a porta aberta e que ali lhe aconteceu algo engraçado. Um escravo logo saiu da casa e veio ao seu encontro para conduzi-lo aonde os demais estavam sentados, quando os encontrou a ponto de jantar. Então, logo que Agatão o viu, disse: — Aristodemo, chegas em boa hora para jantares conosco! Se vieste por causa de algum outro assunto, deixa-o para outra ocasião, que ontem te procurei para te convidar, mas não consegui encontrar-te. Mas onde está Sócrates?

Aristodemo contou-me que olhou para trás e em parte alguma viu Sócrates, que devia acompanhá-lo. Então disse a Agatão que vinha com Sócrates, que o convidara para o jantar.

— Ele fez bem — Agatão disse. — Mas onde ele está?

175a — Há pouco ele vinha atrás de mim; mas eu mesmo estou admirado. Onde ele poderia estar?

— Não vais procurar e trazer Sócrates, escravo? — Agatão perguntou. — E ele continuou: — E tu, Aristodemo, reclina-te[18] ao lado de Erixímaco.[19]

E Aristodemo disse que um escravo lavou seus pés para que se sentasse à mesa, e que outro escravo veio anunciar que "esse Sócrates se retirou e ficou parado em frente à porta dos vizinhos. Por mais que o chame, não quer entrar".

— É estranho o que dizes — Agatão replicou. — Por que não o chamas? E não o deixes escapar!

b E Aristodemo disse: — De forma alguma; deixai-o. Esse é um hábito que ele tem. Algumas vezes ele se retira onde quer que se encontre e fica parado.[20] Ele chegará logo, penso. Então, não o perturbeis; deixai-o.

— Bem, então façamos assim, se é o que preferes — disse Agatão. — Escravos, atendei a todos. Trazei tudo o que quiserdes, visto que ninguém vos vigiará — o que eu jamais fiz. Pensai que fui convidado por vós ao jantar, assim como os

c outros, e prestai vossos serviços, a fim de que nós vos elogiemos.

Aristodemo disse que eles começaram a jantar, mas Sócrates não aparecia. Agatão ordenou muitas vezes que fossem buscar Sócrates, mas Aristodemo não permitia. Então, ele chegou não muito tempo depois, como era seu costume, mais ou menos quando eles estavam na metade do jantar. E Aristodemo contou que Agatão, que estava só e reclinado no último lugar, disse: — Aqui, Sócrates, reclina-te ao meu lado[21] e conta-me a sábia ideia

d que tiveste na porta da frente. É evidente que tiveste uma grande ideia, pois não te retirarias antes disso.

E Sócrates sentou-se e disse: — Seria bom, Agatão, se a sabedoria fosse algo dessa natureza, de sorte que escorresse do nosso lado mais cheio para o mais vazio, sempre que entrássemos em contato um com o outro, como a água nas taças, que por um fio de lã escorre da mais cheia para a mais vazia. Se assim é

e a sabedoria, em muito me honra reclinar-me junto a ti, pois penso que ao teu lado serei preenchido por muita e bela sabedoria. A minha seria insignificante, ou duvidosa como um sonho, mas a tua é brilhante e muito capaz de progresso, que desde a tua juventude tão fortemente resplandeceu e se tornou manifesta anteontem diante de mais de trinta mil testemunhas gregas.[22]

— És um atrevido, Sócrates — Agatão disse. — Quanto a isso, mais tarde tu e eu decidiremos sobre nossa sabedoria, e Dioniso[23] será juiz.[24] Agora dedica-te primeiro ao jantar.

176a Depois disso, Aristodemo contou que Sócrates reclinou-se e jantou com os demais. E eles fizeram libações, após hinearem ao deus e fazer o resto que é de costume,[25] e em seguida se voltaram para a bebida. Ele disse que então Pausânias[26] começou a proferir um discurso deste teor: — Muito bem! Homens, qual o modo mais cômodo de bebermos? Eu vos digo que, por mim, estou muito indisposto pela bebida de ontem e preciso de um descanso. Penso que também a maioria de vós, pois estáveis presentes ontem. Vede

b então como seria mais cômodo beber.

Aristófanes então disse: — É sensato o que dizes, Pausânias, para que bebamos com mais comedimento; pois eu mesmo sou um dos que mergulharam nela ontem.

Após ouvir isso, Erixímaco, filho de Acúmeno, disse: — De fato, falais com sensatez. E ainda necessito ouvir de um de vós se Agatão tem condição de beber.

— Não tenho condição nenhuma — disse ele. — Nem mesmo eu me sinto forte.

c — Seria um presente de Hermes[27] para nós — disse Erixímaco —, tanto para mim como para Aristodemo, Fedro[28] e os demais, se vós, os mais capazes de beber, renunciardes agora; nós sempre somos incapazes. Excluo Sócrates do discurso, pois ele é capaz de ambas as coisas, de sorte que ele se contentará com qualquer coisa que fizermos. Além disso, parece-me que nenhum dos presentes está disposto a beber muito vinho, então, se eu dissesse a verdade sobre a embriaguez, seria menos desagradável. Na minha opinião,

d pelo que me foi evidenciado pela medicina, a embriaguez é algo penoso para os homens; eu mesmo não a desejaria, nem aconselharia outro a beber, ainda mais quando se está com a cabeça pesada pelo dia anterior.

— Sem dúvida — interrompeu-o Fedro de Mirrinote.[29] — Eu costumo obedecer-te, sobretudo quando falas sobre medicina. E agora, se deliberarem bem, também os demais te obedecerão.

e Após ouvirem isso, todos consentiram que celebrariam a presente reunião não para se embriagar, mas que simplesmente beberiam por prazer.

— Visto então — disse Erixímaco — que isso foi aprovado, de beber o quanto cada um quiser, que nada seja forçado; depois, proponho que a flautista que há pouco entrou dê um adeus, tocando flauta para si mesma, ou, se quiser, para as mulheres lá dentro, e que nós nos reunamos hoje com discursos; discursos os quais, se preferis, quero vos propor.

177a Todos disseram que queriam e o exortaram a fazer sua proposta. Então Erixímaco falou: — O início do meu discurso é como a Melanipe[30] de Eurípides,[31] pois não é meu discurso, mas o de Fedro que vou relatar. Fedro a todo o momento irritado me diz: "Não é impressionante, Erixímaco, que outros deuses tenham hinos e peãs compostos por poetas, e a Eros,[32] que é um deus tão antigo e poderoso, jamais nem sequer um só dos

b poetas existentes compôs um encômio? Se quiseres, examina os bons sofistas. Eles escrevem elogios em prosa a Héracles[33] e outros, tal como o excelente Pródico[34] — e isso não é menos espantoso, mas eu já encontrei um livro de um sábio, no qual o sal teve um elogio admirável por sua utilidade,[35] e outras coisas dessa natureza

c com frequência poderias ver elogiadas — e a Eros nenhum homem teve a coragem de dignamente hinear. Tão importante deus é assim negligenciado". Parece-me que Fedro fala com sensatez. Com isso, eu desejo trazer a minha contribuição e agradá-lo, nas circunstâncias presentes; parece-me conveniente que nós, os presentes, louvemos o deus. Então, se

d estiverdes de acordo, temos o tema para nossos discursos, pois me parece que cada um de nós precisa proferir um discurso laudatório a Eros, da esquerda para a direita, e que seja o mais belo possível. Que Fedro comece, uma vez que está situado no primeiro lugar e é o pai do discurso.

— Ninguém, Erixímaco — Sócrates disse —, votará contrário a ti. Pois nem eu, que afirmo que não sei nenhuma outra coisa senão os assuntos do amor, não posso dizer não, nem Agatão,

e nem Pausânias, nem certamente Aristófanes,[36] cuja inteira ocupação está em torno de Dioniso e Afrodite,[37] e nenhum outro desses que vejo aqui. No entanto, não há igualdade de condições para nós que estamos colocados nos últimos lugares; mas, se os que estão à frente falarem o suficiente e bem, nós ficaremos satisfeitos. Começa, Fedro, faz seu elogio de Eros e boa sorte.

Todos os outros concordavam com isso e

178a pediam o mesmo que Sócrates. De tudo o que cada um disse, nem Aristodemo se lembrava muito, nem, por minha vez, eu me lembro de tudo o que ele me disse; mas as coisas mais importantes e os discursos de cada um deles que me pareceram mais dignos de menção, eu vos direi.

Em primeiro lugar, como digo, Aristodemo contou-me que Fedro começou a falar mais ou menos assim: que era um grande deus Eros e admirado entre os homens e os deuses por muitos motivos, sobretudo por seu nascimento. Por ser entre eles

b o mais antigo deus é digno de honra, e prova disso é que os pais de Eros não existem nem são mencionados por ninguém, nem por um homem comum, nem por um poeta, mas Hesíodo[38] afirma que primeiro nasceu Caos[39]

em seguida
Geia[40] *de amplo seio, o assento sempre seguro de todos, e Eros*[41]

E com Hesíodo está também concorde Acusilau[42] que depois do Caos nasceram estes dois, Geia e Eros. Parmênides,[43] quanto ao seu nascimento, afirma:

de todos os deuses concebeu[44] *primeiro Eros.*[45]

c Assim, muitos concordam que Eros é o mais antigo entre eles. Por ser o mais antigo, é a causa dos maiores bens para nós. Eu não sei dizer se há para alguém jovem um bem maior que um bom amante, e para um bom amante um bem maior que um bom amado. Pois o que deve guiar os homens por toda a sua vida, ao menos aos que têm a intenção de viver bem, não é o parentesco, nem as honras, nem a riqueza, nem nenhuma outra coisa senão o amor. Nada é capaz de fazer tanto bem

d como o amor. E o que é isto que digo? A vergonha diante das coisas feias, o desejo de honra diante das coisas belas; pois sem isso nem uma cidade nem um indivíduo realiza grandes e belas obras. Portanto, eu digo que um homem que ama, se fosse pego fazendo algo feio ou sofrendo algo de outro sem se defender, por covardia, nem se visto pelo pai, nem por seus companheiros, nem por

e qualquer outro, não sentiria tanta dor como se fosse visto pela pessoa amada. Isso é o mesmo que vemos também na pessoa amada, que de modo especial sente vergonha quando se vê em algum ato vergonhoso diante de quem ama. Se houvesse uma cidade ou um exército de amantes e amados, o melhor modo de administrar seria manter distância de toda vergonha e emular

179a o bom comportamento um do outro; e se lutarem uns ao lado dos outros, venceriam, mesmo sendo poucos, por assim dizer, todos os homens. Pois se um homem que ama fosse visto pela pessoa amada abandonando a fileira ou largando o escudo, menos irresoluto se mostraria que se fosse visto por qualquer outra pessoa. Preferiria morrer. E se abandonar a pessoa amada ou não a socorrer no perigo — ninguém é tão covarde que o próprio Eros não o inspire para a virtude e o iguale ao mais corajoso por natureza.

b Sem nenhum artifício, o que Homero disse, que "o deus inspira força a alguns heróis", Eros proporciona aos amantes, como se originado de si mesmos.

Somente os amantes se dispõem a morrer por quem amam, e não apenas os homens, mas também as mulheres. Quanto a isso, também a filha de Pélias,[46] Alceste,[47] oferece suficiente testemunho a favor desse argumento aos gregos, visto que foi a única que quis morrer por seu marido, mesmo tendo ele pai

c e mãe, os quais ela ultrapassou em afeto, a ponto de mostrá-los como estranhos ao filho, eles, que eram parentes apenas no nome; e quando ela assim procedeu, realizou um belo feito não somente aos homens mas também aos deuses, já que muitos realizaram belas ações, mas os deuses concederam a poucos o privilégio de permitir que a alma retornasse do Hades,[48] mas concederam a ela por estarem

d satisfeitos com seu feito; assim também os deuses honram sobretudo o zelo e a virtude no amor. Mas Orfeu,[49] filho de Eagro,[50] eles mandaram de volta do Hades sem conseguir nada, mostrando-lhe um fantasma da sua mulher, pela qual viera, mas não a entregaram, porque o consideravam fraco. Como citaredo que era, não teve a coragem de morrer por amor como Alceste; ao contrário, tentou por todos os meios entrar vivo no Hades. Em consequência disso, eles lhe impuseram um castigo e fizeram com que sua morte ocorresse pelas mãos das mulheres;

e não o honraram como a Aquiles,[51] filho de Tétis,[52] que enviaram às Ilhas dos Bem-Aventurados.[53] Ele soube pela mãe que morreria se matasse Heitor[54] e que voltaria para casa e morreria velho se escolhesse não o matar, e mesmo assim teve a ousadia de preferir, quando socorreu seu amante Pátroclo[55] e

180a o vingou, não somente morrer por ele mas também morrer porque ele já estava morto. Por isso os deuses, profundamente satisfeitos, honraram-no com distinção, porque ele tinha tanta estima pelo seu amante. Ésquilo[56] fala à toa quando afirma que Aquiles amava Pátroclo, que ele não somente era mais belo que Pátroclo como também excedia em beleza todos os heróis, apesar de imberbe e muito mais jovem, como disse Homero. Na realidade, os deuses honram mais essa virtude no

b amor; ficam mais maravilhados, admiram e o recompensam quando o amado ama o seu amante do que quando o amante ao amado. Porque o que ama é mais divino que o amado, pois ele é possuído por um deus. Por isso também eles honraram mais Aquiles que Alceste, enviando-o às Ilhas dos Bem-Aventurados.

Assim, eu digo que Eros, dentre os deuses, é o mais antigo, o mais honrado e o mais poderoso para aquisição da virtude e da felicidade entre os homens, vivos e mortos.

c Tal foi mais ou menos o discurso que Fedro proferiu, Aristodemo me disse. Depois de Fedro houve alguns outros dos quais Aristodemo não se lembrava muito bem; passando-os, relatou-me o discurso de Pausânias. Este disse:

— Não me parece belo, Fedro, o modo como nos foi proposto o discurso; o convite para elogiar Eros foi simples demais. Pois, se Eros fosse um só, o discurso teria bastado, mas, na realidade, ele não é um só; não sendo um só, é mais correto primeiro

d dizer qual se deve elogiar. Tentarei consertar a situação e dizer a qual Eros se deve elogiar, para então fazê-lo de modo digno. Pois todos sabemos que não há Afrodite sem Eros. Então, se Afrodite fosse uma, um também seria Eros; já que há duas, é necessário que existam dois Eros. Como não são duas deusas? Uma, certamente, a mais velha e sem mãe, é filha de Urano,[57] e a chamamos também de Urânia; a outra, mais nova, é filha de Zeus e Dione[58]

e e a chamamos de Pandemo.[59] É necessário então que chamemos de Pandemo o Eros que colabora com esta, e o outro, de Urânio. É claro que se deve elogiar todos os deuses, bem como tentar dizer o que cabe a cada um pela sorte. Pois toda ação é assim: realizada por si mesma, nem bela nem feia.

181a Por exemplo, dentre as coisas que agora nós fazemos, beber, cantar, conversar, não há nada intrinsecamente belo, mas sim na ação, como é feita, e como tal resulta; se é feita bem e corretamente, resulta bela; se não é feita corretamente, resulta feia. E assim também é o amor, e Eros não é todo ele belo nem digno de ser elogiado, mas o que nos conduz ao amar belamente.

O Eros de Afrodite Pandemo, em verdade, é

b popular e realiza o que lhe acontece; esse é o que os homens ordinários amam. E os tais amam, em primeiro lugar, não menos as mulheres que os jovens, e amam mais os corpos que as almas; além disso, como são capazes dos atos mais tolos, olham para o ato sem se preocupar se procedem de maneira bela ou não; por conseguinte, agem como bem entendem e pouco se importam se o que fazem é bom ou não. Pois esse é o amor da deusa mais jovem,

c em cujo nascimento participa tanto o feminino como o masculino. O outro é o da Urânia, que, em primeiro lugar, não participa do feminino, mas somente do masculino — e esse é o amor dos jovens —; segundo, é a mais velha, isenta de violência; por isso os inspirados por esse amor se voltam ao masculino e afeiçoam-se ao que é mais forte por natureza e possui mais inteligência. Também se pode reconhecer nessa mesma pederastia os que são autenticamente

d movidos por esse amor; pois não amam os jovens, a não ser quando começam a ter alguma inteligência, que começa a nascer junto com a barba. Pois estão preparados, penso, os que começam desde então, a amar pela vida toda e a viver juntos, mas não para enganar, depois de pegar um jovem por sua falta de entendimento, e ir embora rindo dele e avançando sobre outro. Seria preciso uma lei para que proibisse

e amar os jovens, a fim de que não desperdicem muita atenção com algo incerto; pois o fim dos jovens é desconhecido, no que concerne ao vício e à virtude do corpo e da alma. Os homens bons estabelecem de bom grado essa lei para si mesmos, mas seria preciso ainda obrigar os amantes populares a algo dessa natureza, como também, na medida do que nos for possível,

182a as mulheres livres. Pois esses são os que cometeram a infâmia, a ponto de alguns ousarem dizer que é vergonhoso conceder favores aos amantes. E o dizem prestando atenção neles, vendo sua falta de tato e de justiça, pois a ação feita com ordem e norma não pode com justiça receber censura.

Além disso, a lei sobre o amor em outras cidades é fácil de entender, pois é definida de maneira simples. Mas a daqui,

b e também a da Lacedemônia,[60] é complexa. Na Élide,[61] com efeito, e entre os beócios, e onde os homens não falam, simplesmente está instituído que é belo conceder favores aos amantes, e ninguém poderá dizer, nem jovem nem velho, que isso é vergonhoso, penso, para que não tenham aborrecimentos ao tentar persuadir os jovens pela palavra, por não serem capazes de falar; na Iônia[62] e em muitos outros lugares, entre os que habitam sob o domínio dos bárbaros, está instituído que isso é vergonhoso. Entre os bárbaros, por causa das tiranias, isso é vergonhoso, como também

c a filosofia e o gosto pela ginástica; já que, penso eu, não convém aos governantes que pensamentos elevados nasçam entre os seus governados, nem amizades e sociedades sólidas, o que de fato mais que todas as outras coisas costuma inspirar o amor. Na prática, os tiranos daqui[63] aprenderam isso; pois o amor de Aristogíton[64] e a amizade de Harmódio,[65] que se tornaram firmes, destruíram o seu poder. Portanto, onde foi instituído que é vergonhoso

d conceder favores aos amantes, isso se deve à maldade dos que assim determinaram, à ambição dos governantes e à covardia dos governados; e onde simplesmente se instituiu que é belo, foi por causa da ociosidade da alma dos legisladores. Aqui, algo muito mais belo que foi instituído e, como eu disse, não é fácil entender. Pensa-se que é mais belo amar abertamente que em surdina, sobretudo os mais nobres e melhores, ainda que sejam mais feios que outros, e, por outro lado, o estímulo geral aos amantes é admirável, não é considerado vergonhoso; se a conquista é bem-sucedida, a todos parece bela, do contrário, a todos parece algo feio,

e e na tentativa de fazer uma conquista, a lei concedeu aos amantes a oportunidade de serem elogiados por realizar ações assombrosas, que, se visassem qualquer outro objetivo,

183a colheriam as maiores censuras da filosofia — pois, se alguém quisesse receber dinheiro de alguém, ou ter um cargo público, ou algum outro poder, recursos estes que os amantes utilizam com seus amados quando tentam conquistá-los, pronunciando juramentos, dormindo em suas portas, querendo servir-lhes, fazendo coisas que nem mesmo um escravo faria, seria impedido tanto pelos amigos como pelos inimigos,

b porque uns o censurariam por adulação e servilismo, outros o admoestariam e o envergonhariam por isso — mas no amante que faz coisas assim há graça, e lhe é permitido pela lei agir sem censura, como se realizasse uma ação belíssima; e o que é mais estranho, como diz a maioria, é que, quando faz seus juramentos, somente ele obtém o perdão dos deuses se transgredi-los, pois dizem que o juramento de amor não existe; assim,

c os deuses e os homens permitem ao amante fazer tudo, como diz a lei daqui. Com isso, poder-se-ia pensar que é considerado belíssimo nesta cidade ser amante e ser amigo dos amantes. Entretanto, quando os pais não permitem aos amados conversar com os amantes e contratam pedagogos,[66] os quais encarregam de fazer com que sua vontade seja cumprida, ainda que seus coetâneos e companheiros os censurarem se veem algo assim acontecer; e os que insultam, por sua vez,

d não impedem os mais velhos nem os censuram por não falar com correção, alguém, por outro lado, em tal circunstância, poderia pensar que o oposto disso é considerado vergonhoso aqui. O que há, penso, é o seguinte: não é algo simples, como foi dito no início, que em si não é belo nem feio, mas se bem feito é belo, se feito vergonhosamente é feio. Então, é vergonhoso conceder favores a um maldoso que age mal, enquanto é belo conceder favores a um honesto. É malvado aquele amante popular,

e que ama mais o corpo que a alma; não é estável, porque ama uma coisa que não é duradoura. À medida que murcha a flor do corpo que ele amava, ele "vai embora voando", desonrando promessas e muitas palavras. Mas aquele que é amante de um caráter honrado permanece pela vida toda, porque se une ao que é duradouro. De fato, a nossa lei quer

184a provar isso bem e belamente, para agradar a uns e afugentar outros. Por isso é que ela incita os amantes a perseguir e os amados a fugir, arbitrando e colocando à prova qual dos dois é o amante e qual é o amado. Assim, por essa razão, considera-se vergonhoso, em primeiro lugar, deixar-se conquistar logo, pois o passar do tempo atesta bem muitas coisas; em seguida, é infame aquele que se deixa conquistar pelo dinheiro e pelos poderes políticos,

b quer tenha sido intimidado e cedido aos maus-tratos, quer seja beneficiado em dinheiro ou pelas práticas políticas, quer porque não as despreze; pois nenhuma dessas coisas é segura ou estável, e delas não pode nascer sequer a amizade. Um único caminho resta pela nossa lei, se o amado tem a intenção de agradar o seu amante. De acordo com nossa lei, é lícito portar-se voluntariamente como escravo

c do amado, sem que isso seja considerado adulação ou algo repreensível; além dessa, resta somente uma outra forma de servidão voluntária, não censurável: a que se baseia na virtude. Pois está estabelecido entre nós que, se alguém quer servir a outro, pensando que assim se tornará uma pessoa melhor, mais sábia ou mais virtuosa, essa servidão voluntária não é uma vergonha nem uma adulação. Deve-se aproximar essas duas leis ao mesmo princípio, o do amor aos jovens e

d o do amor à sabedoria e às outras virtudes, se houver a intenção de que resulte em algo belo que o amado conceda favores ao amante. Quando o amante e o amado alcançam o mesmo princípio, cada um tendo a sua lei, um servindo ao amado que lhe agrada, em tudo o que for justo, o outro ajudando quem o ajuda a se tornar sábio e bom, em tudo o que for justo; um agindo em prol da inteligência

e e das demais virtudes, o outro em necessidade de melhorar quanto a sua educação e sabedoria; apenas assim, quando essas leis se encontram em um único princípio, coincide ser belo agradar o amado. Nessa circunstância, também não é vergonhoso ser enganado, mas em qualquer outra, sim. Pois se alguém,

185a após agradar um amante apenas por sua riqueza, com o objetivo de tornar-se rico, fosse enganado e não recebesse dinheiro, porque o amante revelou-se pobre, em nada seria menos vergonhoso; pois parece que tal tipo mostra sua verdadeira natureza, alguém que por dinheiro serviria a qualquer um e se submeteria a qualquer coisa, e isso não é belo. Conforme esse mesmo argumento, também quando alguém agradar a quem é bom, para que ele mesmo se torne melhor pela amizade do amante, se for enganado, e revelada a maldade daquele

b e a virtude que ele não possui, do mesmo modo, belo seria o engano; parece que também esse indivíduo mostrou sua verdadeira natureza: por causa da virtude e para se tornar melhor, faria qualquer coisa por qualquer um, e isso é o que há de mais belo. Assim, em tudo é completamente belo agradar pela virtude. Esse é o amor da deusa celeste, celeste também ele, e é de muito valor para a cidade e para os indivíduos, porque obriga o amante e o amado a prestar muita atenção

c em si mesmos e no outro em prol da virtude; e todos os outros amores são da outra, da deusa popular. Esta é, Fedro, a contribuição que lhe dou sobre Eros — concluiu ele, como de improviso.

E tendo Pausânias parado por um momento — pois assim os sábios me ensinaram a falar, em termos iguais —, Aristodemo me disse que Aristófanes tomaria a palavra, mas, por excesso de comida ou por alguma outra razão, teve um ataque de soluço, que o impediu,

d e então se dirigiu ao médico Erixímaco, que se reclinava próximo a ele: — Erixímaco, justo é que cesses o meu soluço ou que fales por mim, até que eu me recomponha. E Erixímaco lhe respondeu:

— Farei ambas as coisas. Falarei em teu lugar, e tu, quando parares com o soluço, falarás no meu. Enquanto eu falo, podes prender a respiração para ver se para o teu soluço; caso não, gargareja

e com água. Mas, se assim tão forte, pega algo com o que possas irritar teu nariz e espirrar; se fizeres isso uma ou duas vezes, ainda que o soluço seja muito forte, parará.

— Não poderás falar primeiro — disse Aristófanes —, eu é que falarei.

Então Erixímaco disse:

— Parece-me então que é necessário, já que Pausânias começou bem o seu discurso, mas não o

186a concluiu satisfatoriamente, que eu ponha um fim no discurso. Quanto a Eros ser duplo, parece-me que isso foi bem definido; mas não existe somente nas almas dos homens e para as coisas belas, mas também em muitos outros lugares e para muitas outras coisas, nos corpos de todos os animais, nas plantas que nascem na terra e, por assim dizer, em todas as coisas existentes, parece-me que tenho observado isso na medicina, a nossa

b arte; como o deus é grande e admirável e em tudo está presente, tanto nos assuntos humanos como nos divinos. Começarei falando da medicina, a fim de que honremos a nossa arte. Pois a natureza dos corpos tem este duplo Eros: o saudável e o doente, por consenso, diferente e desigual, e o que é desigual deseja e ama os desiguais. Portanto, um é o amor no que está saudável, e outro é o amor no que está doente. De fato, é tal como Pausânias há pouco dizia, que agradar aos homens bons é belo

c e aos licenciosos é feio, assim também no corpo há coisas boas e saudáveis, e agradá-las é belo e necessário, e isso é o que recebe o nome de medicina, mas às coisas más e doentes deve-se desagradar, se alguém tiver a intenção de ser um profissional. Pois é a medicina, para falar resumidamente, a ciência dos assuntos amorosos do corpo no que diz respeito à repleção e à evacuação, e aquele que distingue neles o amor

d belo e o vergonhoso, esse é o mais hábil médico, bem como aquele que é capaz de transformá-los, de modo que se possua um tipo de amor em vez do outro; e é um bom profissional o que sabe fazer nascer o amor naqueles em que não há, mas em que deve haver, bem como o remover, quando há. Pois deve ser capaz de transformar os elementos inimigos existentes no corpo em elementos amigos e fazer com que se amem uns aos outros. Os mais inimigos são os mais contrários, o frio e o quente, o amargo e o doce, o seco e o úmido,

e e assim por diante; por ter sabido infundir amor e concórdia neles, o nosso ancestral Asclépio,[67] como dizem estes poetas[68] aqui, como eu também acredito, fundou a nossa arte. Então, a medicina, como digo, é toda comandada

187a por esse deus, assim como a ginástica e a agricultura; e também a música, pois é evidente para qualquer um que preste um pouco de atenção que o mesmo pode ser dito em relação a ela, como talvez também Heráclito[69] queira dizer, visto que não se expressa bem em suas palavras. O uno, ele diz, "discordando em si mesmo, consigo mesmo concorda,[70] como a harmonia do arco e da lira".[71] É absurdo afirmar que uma harmonia seja discordante ou que provenha do que é discordante. Talvez quisesse dizer o seguinte: que anteriormente provinha do discordante,

b do agudo e do grave, que logo em seguida se tornaram concordes graças à arte musical. Pois não há dúvida de que não poderia haver harmonia entre o agudo e o grave se fossem provenientes de elementos discordantes. Pois a harmonia é uma consonância, e a consonância é uma concordância — e concordância vinda de coisas discordantes, enquanto discordam, é algo impossível; e, por outro lado, o que é discordante e não concorda é impossível de harmonizar — como o ritmo do rápido e

c do lento, que antes eram divergentes e depois se tornaram concordes. A concordância entre todos esses elementos, como lá foi a medicina, aqui é a música que se sobrepõe, incutindo amor e concórdia uns pelos outros; e, por sua vez, a música é, em relação à harmonia e ao ritmo, a ciência dos assuntos amorosos. No próprio arranjo da harmonia e do ritmo não é nada difícil reconhecer os assuntos do amor, e não há em nenhum lugar aqui o duplo amor. Mas, quando é preciso que os homens utilizem

d o ritmo e a harmonia, ou os compõem, o que chamam de composição musical, ou usam corretamente melodias e metros já compostos, o que chamam de educação, o que é de fato difícil, nesse momento é preciso um bom profissional. Pois novamente surge o mesmo argumento, que tanto os homens disciplinados como os que jamais o foram devem agradar e proteger o seu amor para que se tornem mais disciplinados, e esse amor é o belo, o celeste,

e o Eros da musa Urânia;[72] o de Polímnia,[73] por outro lado, é o popular, que se deve trazer com cautela para que se colha o seu prazer e não se introduza nenhuma licenciosidade, do mesmo modo como na nossa arte é importante fazer bom uso dos apetites da arte culinária, para colher o seu prazer sem doença. Na música, na medicina e em todas as outras questões, tanto humanas como divinas, na medida do possível, deve-se vigiar os dois Eros, pois há ambos nelas.

188a Visto que até mesmo a composição das estações do ano está repleta deles, quando acontece um amor moderado entre os contrários que acabei de mencionar, como o quente e o frio, o seco e o úmido, e se obtêm uma harmonia e uma fusão moderada, ele traz prosperidade e saúde aos homens, aos animais e às plantas e não causa nenhum dano; mas quando Eros, desmesurado, torna-se mais forte nas estações do ano, danifica e destrói muitas coisas.

b Assim costumam nascer as pestes, bem como muitas e variadas doenças de animais e plantas; geadas, granizos e pragas de plantações nascem do excesso, da desordem de tais amores, cujo conhecimento do curso dos astros e das outras estações se chama astronomia. Todos os sacrifícios e as coisas que a mântica[74] regula — e neles se dá o acordo entre deuses

c e homens — não são sobre outra coisa senão a proteção e a cura de Eros. Toda impiedade costuma nascer se alguém não agrada ao Eros moderado nem o honra e o respeita em toda ação, mas ao outro, tanto em relação aos pais, vivos ou mortos, como em relação aos deuses; por isso se convencionou que cabe à mântica vigiar e curar os amores, assim como é ela também

d artífice da amizade entre deuses e homens, pelo conhecimento dos assuntos amorosos que, entre os homens, se inclinam para a lei divina e a piedade.

Assim, múltiplo e grande, ou melhor, onipresente, em geral, é todo Eros, mas aquele que em torno das coisas boas se manifesta, com a temperança e a justiça, tanto em nós como nos deuses, esse tem o maior poder e nos proporciona toda felicidade para que possamos conviver uns com os outros e sermos amigos uns dos outros e dos que são mais poderosos que nós, os deuses. Talvez

e também eu, ao elogiar Eros, esteja deixando muitas coisas por dizer, mas não voluntariamente. Mas, se deixei de dizer algo, é teu trabalho, Aristófanes, completar; ou, se tens em mente elogiar o deus de outro modo, elogia, já que o teu soluço acabou.

189a Então Aristodemo me contou que, interrompendo-o, Aristófanes disse:

— Sim, acabou, mas não antes de eu espirrar, o que me fez pensar, não sem espanto, se meu corpo deseja tais barulhos e cócegas, como é o espirro, para manter-se em ordem; pois muito rápido parou, depois que eu lhe apliquei o espirro.

E Erixímaco lhe disse:

— Meu caro Aristófanes, vê o que fazes. Gracejas quando estás prestes a falar, e me obrigas a atentar para o caso de dizeres algo risível.

b Aristófanes, rindo, disse:

— Falas sensatamente, Erixímaco, que não esteja dito por mim o que foi dito. Mas não me vigies, porque receio que eu não vá dizer nada risível — pois isso seria um benefício e algo característico da nossa musa —, mas sim algo ridículo.

— Depois de atirar a pedra, Aristófanes, pensas que escaparás! Mas toma cuidado com tuas palavras — respondeu Erixímaco. —

c Se me parecer bom o que dirás, entretanto, eu te liberarei.

— Sem dúvida, Erixímaco — disse Aristófanes —, tenho em mente falar de modo diferente de como tu e Pausânias falaram. Pois parece-me que os homens não perceberam inteiramente o poder do amor, visto que, se tivessem percebido, preparariam os maiores templos e santuário para ele e oferecer-lhe-iam os maiores sacrifícios, não como agora, que nada disso lhe dedicam, embora devessem. Pois é o amor o mais filantropo

d dos deuses, protetor dos homens e médico das doenças, que, se curadas, a raça humana teria a maior das alegrias. Eu então tentarei explicar-vos o seu poder e vós sereis os professores dos demais. Mas, primeiro, vós deveis conhecer a natureza humana e suas paixões. Pois a nossa antiga natureza não era a mesma de agora, mas diferente. Primeiro havia três sexos humanos, não dois, o masculino e o feminino,

e mas também havia um terceiro, que tinha participação em ambos, do qual agora resta um nome, mas esse desapareceu: o andrógino, o único, quanto à forma e ao nome, que tinha participação em ambos os sexos, masculino e feminino, e agora não resta nada além de um nome posto em censura. A forma de cada indivíduo era toda esférica, com costas e flancos em forma de círculo, e havia quatro mãos e quatro pernas, e dois rostos completamente

190a semelhantes sobre um pescoço circular; uma única cabeça para ambos os rostos colocados em direções opostas, e quatro orelhas, dois órgãos sexuais, e todo o resto que deles alguém poderia imaginar. Caminhava ereto tal como nós, para qualquer uma das duas direções que quisesse; mas, quando começavam a correr rapidamente, como os acrobatas, giravam as pernas em posição vertical e davam cambalhotas em círculo. Nesse momento, rapidamente apoiavam seus membros, que então eram oito, e, após apoiá-los, moviam-se em circulo. E por isto havia

b três sexos: o masculino era em sua origem descendente do sol; o feminino, descendente da terra; e o andrógino, descendente da lua, porque também a lua tem características de ambos os sexos. E eram esféricos, tanto eles como a sua marcha, por serem semelhantes aos seus genitores. Eram extraordinários quanto à força e ao vigor, tinham um grande orgulho e atacaram os deuses, e o que diz Homero[75] sobre Efialtes[76] e Oto[77] diz-se também sobre os andróginos, que tentaram subir ao céu,

c a fim de atacar os deuses. Então Zeus e os demais deuses deliberaram sobre o que deviam fazer, mas não chegaram a uma conclusão; pois não podiam matá-los, como fizeram com os gigantes, extinguindo sua raça, pois as oferendas e os templos dos homens dedicados a eles desapareceriam, nem permitir que fossem insolentes. Após refletir profundamente, Zeus disse: "Parece-mc que tenho um artifício para que os homens continuem existindo, mas sem seu desregramento,

d enfraquecidos. Pois agora eu os cortarei em duas partes, e não somente serão mais fracos como também nos serão mais úteis, já que estarão em maior número; e andarão eretos sobre duas pernas. Se ainda nos parecerem insolentes e não quiserem se manter calmos, novamente eu os cortarei em duas partes, de modo que se locomoverão pulando com uma perna só". Após dizer isso, cortou os indivíduos em duas partes, como os

e que cortam sorveiras[78] para conservá-las em salmoura, ou tal como os que cortam os ovos com os cabelos; e cada um que cortava, ordenava a Apolo[79] que lhe virasse o rosto e a metade do seu pescoço para a direção do corte, a fim de que visse o próprio corte e se tornasse um homem mais moderado, e ordenava que curasse o resto. E Apolo lhes virava a face, juntando a pele de todas as partes no que agora se chama ventre, como bolsas fechadas, fazia uma abertura e as atava no meio, criando o que chamam de umbigo. Quanto ao restante das pregas da pele,

191a ele poliu e ajustou, criando as articulações peitorais, com um instrumento semelhante ao que os sapateiros usam

para polir sobre a forma as pregas dos sapatos; e deixou umas poucas pregas, as que estão em torno do ventre e do umbigo, como lembrança do antigo sofrimento. Depois que sua constituição natural foi cortada em duas partes, porque cada uma desejava unir-se a sua própria metade, envolvendo-se com as mãos e se entrelaçando umas nas outras, desejando viver juntas, morriam de fome e de
b estranha inação, por não quererem nada fazer longe uma da outra. E quando uma das metades morria e outra sobrevivia, a sobrevivente procurava outra e se entrelaçava nela, fosse a metade feminina — o que agora chamamos de mulher —, fosse a metade masculina; e assim pereciam. Apiedando-se deles, Zeus providenciou outro plano, e mudou os seus órgãos sexuais para a parte da frente — pois até esse momento os tinham para fora e procriavam e geravam
c não uns nos outros, mas na terra, como as cigarras, e transpondo-lhes assim o sexo para a frente fez com que a geração ocorresse uns nos outros, por intermédio do masculino e do feminino, e por causa disso, a fim de que no abraço não somente um homem se encontrasse com uma mulher e juntos gerassem a continuidade da espécie humana como também um homem, ao juntar-se a outro homem, teria plenitude no encontro, juntos repousariam, voltariam para os seus trabalhos e se preocupariam com as demais coisas da vida. Portanto, desde há muito tempo
d é o amor de uns pelos outros inato aos homens e restaurador da sua antiga natureza, tentando restabelecer a unidade e curar a natureza humana. Cada um de nós então é um símbolo do homem, porque fomos cortados, como os linguados, em dois; e cada um procura sempre o seu próprio símbolo. Portanto, os homens são metade do que antes se chamava andrógino, são afeiçoados às mulheres, e daí se origina a maioria dos adultérios,
e e o mesmo se dá com as mulheres, que, da mesma maneira, são afeiçoadas aos homens e também adúlteras.

As mulheres que são corte de uma mulher, essas não prestam muita atenção nos homens, e voltam-se mais para outras mulheres, e assim se originam as chamadas companheiras.[80] E os que são cortes do sexo masculino perseguem os homens jovens, porque são parte dos homens, gostam deles e se alegram quando se deitam com eles e os abraçam,

192a e esses são os melhores jovens, porque são os de natureza mais corajosa. Alguns dizem que eles são despudorados, mas estão mentindo; pois não fazem isso por despudor, e sim por ousadia, coragem e virilidade, abraçam o que é semelhante a eles. Uma grande prova: quando se tornam adultos, os homens que são assim são os únicos que vão para a política. Quando se tornam homens,

b amam os jovens e não se ocupam do casamento e da procriação porque assim querem, mas porque são obrigados pela lei. Basta-lhes passar a vida solteiros, na companhia uns dos outros. Esses homens se tornam amantes e amigos dos jovens, sempre acolhendo o que lhe é aparentado. Quando então se encontram com a sua própria metade, tanto o amante dos jovens como qualquer outro, então, admiravelmente atordoados pelo afeto,

c pela intimidade e pelo amor, não querem, por assim dizer, afastar-se uns dos outros nem por pouco tempo. E são esses os que permanecem uns com os outros por toda a vida, sem saber dizer o que querem uns dos outros. Pois a ninguém poderia parecer que se trata apenas da relação sexual e por isso um se alegra convivendo com outro, com tão grande empenho; é evidente que alguma coisa deseja a alma de cada um,

d e, ainda que não possa verbalizar, adivinha o que quer e se expressa por enigmas. E se, enquanto estão deitados juntos, Hefesto[81] se apresentasse com seus instrumentos e lhes perguntasse: "O que quereis, homens, um do outro?" e se, após ficarem perplexos, de novo lhes perguntasse: "Será que desejais estar juntos o máximo possível um do outro, sem jamais se separar, nem de noite nem de dia? Pois, se desejais isso, quero fundi-los e

e soldá-los em uma coisa só, de modo que se tornem um só enquanto viveis, e quando morrerdes, por sua vez, lá no Hades em vez de dois mortos sereis um único; mas vede se quereis mesmo isso e se vos contentareis se isso acontecer!". Após ouvir tais palavras, sabemos que ninguém recusaria ou iria querer outra coisa, mas simplesmente pensaria ter ouvido o que há muito desejava, unir-se e fundir-se ao amado e tornar-se um só. A causa disso é que a nossa antiga natureza era a mesma e nós éramos inteiros; então, para o

193a desejo e a procura dessa integridade, há o nome amor. Antes disso, como digo, éramos unos, mas agora, por causa da nossa injustiça, fomos separados pelo deus, como os árcades pelos lacedemônios; e temamos, pois, se não formos moderados em relação aos deuses, podemos ser divididos novamente em dois e vagar, como os que estão esculpidos em relevo nas estrelas, serrados em dois bem no nariz, ficando como os dados partidos.[82] Por conseguinte, todo homem precisa exortar e obedecer a vontade dos

b deuses em tudo, a fim de que evitemos uns e encontremos outros, conforme Eros nos guia e comanda. Que ninguém faça algo que lhe seja contrário — e faça algo contrário àquele que é odiado pelos deuses —, pois, se somos seus amigos e estamos reconciliados com o deus, descobriremos e nos encontraremos com nossos amados, o que agora poucos conseguem. E não me interrompas, Erixímaco, satirizando o meu discurso, pensando que falo de Pausânias e Agatão — talvez

c também estes pertençam a essa espécie, e ambos são do sexo masculino —, pois eu falo de todos, homens e mulheres, que assim a nossa raça seria feliz, se cumprisse a finalidade do amor e se cada um encontrasse o seu próprio amado, retornando à sua antiga natureza. Se isso é o melhor, é certo que, dentro das atuais circunstâncias, devemos chegar o mais próximo possível disso, ou seja, encontrar um amado que por natureza esteja conforme ao nosso pensamento; e, de fato, se louvássemos o deus responsável,

d com justiça louvaríamos Eros, que nas presentes circunstâncias nos é o mais benéfico, por conduzir-nos ao que nos é inato e nos propiciar as maiores esperanças para o futuro, se mostrarmos respeito aos deuses, de restabelecer nossa antiga natureza e nos curar, tornando-nos bem-aventurados e felizes.

Este, Erixímaco — ele disse —, é o meu discurso sobre Eros, diferente do teu. Como te pedi, não o satirizes, a fim de que ouçamos os restantes,

e isto é, os outros dois, pois restam Agatão e Sócrates.

— Obedecer-te-ei — respondeu Erixímaco. — Pois, para mim, o teu discurso fluiu prazerosamente. E, se não soubesse que Sócrates e Agatão são hábeis nos assuntos do amor, muito me assustaria se não tivessem dificuldades com os argumentos, pelas muitas e diversas coisas que já foram ditas; mas, ainda assim, eu confio neles.

194a Então, Sócrates disse:

— Tu competiste bem, Erixímaco; se estivesses onde eu estou agora, onde, aliás, igualmente estarei quando Agatão tiver falado, terias muito medo e em tudo estarias como eu.

— Queres enfeitiçar-me, Sócrates — disse Agatão —, para que eu me perturbe com o pensamento de que a plateia está em grande expectativa de que vou falar bem.

— Mas eu seria um desmemoriado, Agatão — disse Sócrates —,

b se visse a tua coragem e magnanimidade, quando subias no palco com teus atores e olhaste de frente tão grande plateia com a intenção de expor tuas palavras, sem de modo algum te abateres, e eu agora pensasse que tu te perturbarias por causa de nós, que somos uns poucos homens.

— O quê, Sócrates? — perguntou-lhe Agatão. — Não me consideras de fato tão cheio de teatro, a ponto de ignorar que, para quem tem bom senso, uns poucos sensatos são mais temíveis que muitos insensatos?

c — Não faria bem, Agatão — respondeu Sócrates —, se eu pensasse algo rude a teu respeito; mas sei bem que, se te encontrasses com uns poucos que considerasses sábios, ficarias mais preocupado com eles que com uma multidão. Mas receio que não éramos esses sábios — pois nós estivemos presentes lá e éramos parte da multidão —; se te encontrasses com outros sábios, rapidamente te envergonharias diante deles, se porventura estivesses fazendo algo vergonhoso; então, o que dizes?

— É verdade — respondeu.

— Não te envergonharias diante da multidão se estivesses fazendo algo vergonhoso?

d Então, Aristodemo contou-me que Fedro os interrompeu e disse:

— Meu caro Agatão, se respondes a Sócrates, pouco importa a direção que alguém venha a seguir, desde que tenha com quem conversar, principalmente se for com alguém belo. Eu ouço prazerosamente Sócrates dialogar, e é mister que me preocupe com o elogio a Eros ao ouvir vosso discurso; cumpramos, pois, com nossa obrigação ao deus e prossigamos.

e — Falaste bem, Fedro — respondeu Agatão —; nada me impede de falar; pois com Sócrates será possível conversar muitas vezes.

"Eu quero, em primeiro lugar, dizer como devo falar, e só então começar. Parece-me que os que falaram antes não elogiaram o deus, mas felicitaram os homens pelos bens que ele lhes concede; mas ninguém disse

195a qual é a natureza do deus. O único modo correto de elogiar a quem quer que seja com um discurso é explicar qual é a razão de suas ações. Assim, é justo que nós louvemos o amor primeiro por ele mesmo, por sua natureza, e só depois pelos seus dons. Eu digo que de todos os deuses que são felizes, se é permitido e lícito dizer, Eros é o mais feliz, por ser o mais belo e o melhor. É o mais belo por ser da seguinte natureza: em primeiro lugar, ele é o mais jovem dos deuses, Fedro. Uma grande

b prova ele mesmo oferece ao meu discurso, quando foge da velhice, que evidentemente é rápida, e avança sobre nós mais rapidamente do que deveria. De fato, Eros a odeia por natureza e nem se aproxima dela. Convive e está sempre em companhia dos jovens; pois está certo o antigo provérbio segundo o qual o semelhante sempre se aproxima do seu semelhante. Eu não concordo com muitas outras coisas, Fedro, não concordo que Eros seja mais velho que Crono[83] e Iápeto,[84] e

c digo que ele é o mais jovem dos deuses e é sempre jovem, e os antigos feitos dos deuses, dos quais Hesíodo e Parmênides falam, aconteceram por Ananké[85] e não por Eros, se eles dizem a verdade; pois não haveria castrações nem prisões, nem muitas outras coisas também violentas, se Eros estivesse entre eles, mas sim amizade e paz, como agora, que Eros reina entre os deuses. Portanto, ele é jovem, e além de jovem é delicado; é necessário

d um poeta, como foi Homero, para mostrar a delicadeza do deus. Homero diz que Ate[86] é uma deusa também delicada — que seus pés são delicados — e afirma:

seus pés são delicados; pois não sobre o solo
ela se move, mas sobre a cabeça dos homens.[87]

Então, parece-me que é uma bela prova de que ela é delicada, porque não caminha sobre o duro, mas sobre o macio.

e E nós utilizaremos a mesma prova em relação a Eros, que é delicado. Pois não caminha sobre a terra nem sobre os crânios, que não são muito macios, mas caminha e habita as coisas mais macias que existem. Ele estabeleceu sua morada nos caracteres e nas almas dos deuses e dos homens, mas não em todas as almas, pois naquela em que encontra um caráter duro ele vai embora, enquanto habita na que for suave. Então, sempre tocando com os pés e com todo o seu ser nos mais macios dentre os mais macios, é necessário que ele seja

196a o mais delicado. Portanto, é o mais jovem e o mais delicado; além disso, seu aspecto é fluido. Pois não seria capaz de em tudo se envolver nem de entrar e sair sem ser notado em cada alma se fosse duro. Uma grande prova de seu aspecto fluido e bem-proporcionado é a sua elegância, em razão da qual Eros reconhecidamente é diferente de todos; pois entre a deformidade e Eros há sempre uma guerra. A beleza da sua tez e o seu hábito de viver entre as flores são índices do deus; pois no que está sem flores

b e sem viço no corpo, na alma e em outra parte qualquer, Eros não se assenta, mas onde houver um lugar bem florido e perfumado, aí se senta e permanece.

Sobre a beleza do deus, já se disse o suficiente, embora ainda faltem outras coisas, sobre a virtude de Eros, em seguida, devo falar, e o mais importante é que Eros não comete injustiça nem contra um deus nem contra um homem, e que também não sofre injustiça nem de um deus nem de um homem. Pois ele mesmo não sofre nenhuma ação, se é que sofre algo — pois a violência não toca Eros —,

c tampouco ele mesmo age, pois qualquer um de bom grado serve Eros em tudo, e o que de bom grado concorda com o que está de bom grado, dizem "as leis, rainhas da cidade",[88] este é um justo. Além da justiça, ele participa da maior temperança. Pois, se concorda que a temperança é o domínio dos prazeres e dos desejos, nenhum prazer é mais dominante que Eros; e se inferiores, seriam dominados por Eros, e ele os dominaria, e, ao dominar os prazeres e os desejos, Eros seria extraordinariamente temperante. No tocante à coragem, a Eros

d "nem Ares[89] resiste".[90] Pois Ares não detém Eros, mas Eros detém Ares — o de Afrodite, como se diz[91] —, e o que detém é mais forte que o detido; e se detém o mais corajoso de todos, é por conseguinte ainda mais corajoso.

Sobre a justiça, a temperança e a coragem do deus, foi dito o bastante; resta falar sobre sua sabedoria; na medida do possível, é preciso não deixar nada por dizer. Em primeiro lugar, para que eu também, por minha vez, honre a minha arte, como

e Erixímaco a dele, o deus é um poeta hábil, tanto que faz outros poetas; qualquer um pode se tornar poeta, "ainda que seja estranho às Musas",[92] desde que Eros o toque. E isso nos convém usar como testemunho, que Eros é um bom poeta, em geral, para toda criação inspirada pelas Musas;[93] pois o que alguém não tem ou não conhece não pode dar nem ensinar a outro.

197a Quanto à procriação de todos os seres vivos, alguém contestaria que não é pela sabedoria de Eros que nascem e crescem todos os seres vivos? Mas, quanto ao ofício das artes, não sabemos que aquele de quem o deus é professor se torna famoso e célebre, enquanto aqueles que Eros não toca permanecem obscuros? Apolo inventou a arte de atirar com o arco, a arte médica e a arte da adivinhação guiado pelo desejo e pelo amor,

b de modo que também ele poderia ser um aprendiz de Eros, assim como as Musas na arte musical, Hefesto na metalurgia, Atena[94] na tecelagem e Zeus na arte de governar deuses e homens. Por isso, os afazeres dos deuses foram organizados por Eros, quando ele nasceu, tendo em vista a beleza — pois o amor não está na feiura —; antes, como disse no início, muitas coisas terríveis aconteciam entre os deuses, como se diz, em virtude do reinado de Ananké; quando Eros nasceu, por causa do amor às coisas belas, originaram-se coisas boas para deuses e homens.

c Assim, Fedro, parece-me que Eros, sendo em primeiro lugar o mais belo e o melhor, é a causa dos bens dos demais. Ocorre-me algo também para falar em verso, que é o que ele faz:

paz entre os homens, e no mar tranquila
calmaria, leito dos ventos e sono no sofrimento.

d Ele nos esvazia do estranhamento e nos enche de familiaridade, possibilitando que convivamos uns com os outros em reuniões como esta, sendo nosso guia nas festas, nos coros e nos sacrifícios; provendo-nos de afabilidade e nos desprovendo da rudeza; cheio de benevolência, desprovido de hostilidade; propício e bom; contemplado pelos sábios, admirado pelos deuses; invejado pelos desafortunados, cobiçado pelos afortunados; pai do conforto, do requinte, da voluptuosidade, das graças, da atração, do desejo. Cuidadoso com as coisas boas, negligente com as más; no trabalho, no medo, no desejo, na
e palavra, é o melhor piloto, combatente, defensor e salvador perfeito, glória de todos os deuses e homens, o melhor e mais belo guia, a quem todo homem precisa seguir, belamente entoando cantos, participando na ode que Eros canta, enfeitiçando a mente de todos os deuses e homens.

Que este meu discurso, Fedro — ele disse —, seja consagrado ao deus, participando das partes divertidas e das coisas moderadamente sérias, na medida do que me for possível.

198a Depois que Agatão falou, Aristodemo disse-me que todos os presentes o aplaudiram, porque a fala do jovem havia sido apropriada para si mesmo e para o deus. Então Sócrates, olhando para Erixímaco, disse:

— Será que te parece, filho de Acúmeno, que não era necessário o medo que tive, e que não falei como um adivinho quando dizia há pouco que Agatão falaria admiravelmente, e eu me veria em situação difícil?

— Em partes — disse Erixímaco —, parece-me que falou como um adivinho quanto a Agatão falar bem; mas que tu ficarias em situação difícil, não acredito.

b — E como, bem-aventurado Erixímaco — disse Sócrates —, não me verei em situação difícil, eu ou qualquer outro que tenha a intenção de falar depois de tão belo e multiforme discurso? Não que as outras partes não tenham sido igualmente admiráveis, mas o final, pela beleza dos termos e das expressões, quem não ficaria maravilhado ao ouvi-lo? Já que penso que eu mesmo não seria capaz de falar algo tão belo, por vergonha teria ido

c embora, se pudesse. Pois também me lembrava do discurso de Górgias,[95] de modo que senti absolutamente o que foi dito por Homero.[96] Temia que, ao terminar, Agatão enviasse ao meu discurso a cabeça de Górgias,[97] hábil orador, e que eu mesmo me tornasse pedra, sem voz. Compreendi então que tinha sido ridículo quando concordei convosco

d em elogiar Eros depois de vós e quando disse que era hábil nos assuntos do amor, sem saber nada do assunto nem de como fazer o elogio. Por ingenuidade, eu pensava que devia dizer a verdade sobre o que está sendo elogiado e que isso seria possível, mas logo deveríamos escolher os elementos mais belos e organizá-los da maneira mais apropriada; e fui presunçoso, achando que falaria bem, como se eu soubesse a verdade sobre como fazer um elogio. Todavia, como se vê, não era esse o modo mais belo de fazer um elogio, mas reunir

e o maior número possível de elementos e o que há de mais belo em relação ao tema; se o que se diz é verdade ou não, não é uma questão importante. Pois o que se propôs antes, ao que parece, foi o modo como cada um de nós julgava que seria bom elogiar Eros, não como cada um o elogiaria. Por isso, então, discursastes e usastes todo argumento em favor de Eros, e dissestes que tal é sua natureza e que ele é a causa de tantos bens, para que

199a parecesse o mais belo e o melhor possível, e aos que não o conhecem — pois não se dirige aos que o conhecem — é evidente que o elogio é belo e notável.

Mas eu não sabia como fazer um elogio, e, por não saber, concordei convosco que também eu o elogiaria na minha vez. "A língua então o prometeu, mas o coração não";[98] que fique para lá então. Pois não farei o elogio desse modo — eu não poderia —, mas, em verdade,

b se quiserdes, quero falar como posso, e não contra os vossos discursos, a fim de que não me exponha ao ridículo. Vê então, Fedro, se necessitas de um discurso dessa natureza, de ouvir verdades sobre Eros, com termos e palavras que me ocorrerem.

Então, disse Aristodemo, Fedro e os demais pediram que falasse como lhe conviesse.

— Antes, Fedro — disse Sócrates —, permita que eu faça algumas perguntas a Agatão, para que, tendo ele concordado em algumas questões, eu possa começar.

c — Permito — disse Fedro —, pergunta.

Em seguida, Sócrates começou, mais ou menos assim:

— Sem dúvida, caro Agatão, pareceu-me que proferiste bem o teu discurso, dizendo que primeiro se deve mostrar qual é sua natureza, quem é Eros e depois as suas obras. Agrada-me muito esse início. Vamos, então, já que discorreste bela e magnificamente sobre Eros, sobre quem ele é e tudo mais,

d diz-me o seguinte: Eros é de tal natureza para ser amor de algo ou de nada? Não pergunto se é o amor de uma mãe ou de um pai — pois seria ridículo perguntar se Eros é amor de mãe ou de pai —, mas, como se sobre isto mesmo, "pai", eu perguntasse; então, o pai é pai de alguém ou não? De fato me dirias, se quisesse responder bem, que o pai é pai de um filho ou de uma filha, ou não?

— Sim — respondeu Agatão.

— Portanto, também da mãe pode-se falar coisa semelhante?

Agatão concordou com isso.

e — Ainda assim — disse Sócrates —, responde mais umas perguntas, para que compreendas melhor o que quero. Pois se te perguntasse: E um irmão, ele mesmo, é irmão de alguém ou não?

Agatão respondeu que era.

— De um irmão ou de uma irmã, não é mesmo?

Ele concordou.

— Tenta — Sócrates disse —, falar-me sobre o amor. Eros é o amor de nada ou de algo?

— De algo.

200a — Então — disse Sócrates — guarda isso contigo e, lembrando-te de que coisa é o amor, diz-me somente isto: Eros deseja o que é amor ou não?

— Sim — Agatão respondeu.

— Quando tem o que deseja e ama, então o deseja e ama, ou quando o não tem?

— Quando não o tem, como é provável — ele respondeu.

— Examina — disse Sócrates — se, em vez de provável, não é necessário que seja assim: o que deseja uma coisa a deseja por estar desprovido dela, ou não a

b deseja se já a possui. Parece-me, Agatão, que é necessariamente assim; como te parece?

— Também me parece que seja assim — respondeu.

— Falas sensatamente. Será que alguém desejaria ser grande, se é grande, ou ser forte, se é forte?

— É impossível, pelo que já concordamos.

— Pois não teria necessidade alguma disso, se já o é.

— Dizes a verdade.

— Pois se o que é forte quisesse ser forte — disse Sócrates —, e o que é rápido quisesse ser rápido, e o que é saudável quisesse ser saudável — talvez alguém poderia pensar nisso e em

c coisas análogas, que os que têm essas qualidades também as desejam, e falo isso para que não nos enganemos —, estes, Agatão, se refletires, é necessário que tenham cada uma dessas qualidades que no momento presente já têm, quer queiram, quer não; quem desejaria ter o que de fato já tem? Mas quando alguém nos diz "eu, que estou saudável, quero também ser saudável", ou, "sendo rico, quero também ser rico", ou "desejo as mesmas coisas que tenho", respondemos: tu, homem,

d possui riqueza, saúde e força; queres também possuir isso no futuro, uma vez que no momento presente, quer queira, quer não, já possui; examina então se, quando dizes "desejo as coisas que já tenho", não queres dizer o seguinte: "quero ter também no futuro aquilo que tenho agora". Concorda com o que digo?

Aristodemo disse que Agatão concordou. Sócrates então disse:

— Portanto, isso é amar aquilo que se possui no presente e desejar ainda tê-lo no futuro?

e — Sim — ele respondeu.

— Então quem deseja, deseja o que não está disponível nem presente, o que ainda não tem, o que não é ele mesmo e aquilo de que necessita; não são coisas assim que desejamos e amamos?

— Sim — Agatão respondeu.

— Vamos, então — disse Sócrates —, reafirmemos nossa concordância sobre o que foi dito. Eros não é outra coisa senão, em primeiro lugar, amor de algo, depois, amor do que se tem necessidade?

201a — Sim — Agatão respondeu.

— Além disso, recorda aquilo que disseste sobre Eros em teu discurso. Se quiseres, eu te lembrarei. Penso que tu disseste algo assim, que os deuses organizaram seus assuntos pelo amor às coisas belas; pois às coisas feias não se tem amor. Não dizias algo assim?

— Disse — respondeu Agatão.

— E disseste isso de modo conveniente, companheiro — disse Sócrates —; e se é assim, não é verdade que Eros seria o amor à beleza, não à feiura? — Agatão concordou.

b — Portanto, concorda que ama aquilo que falta e que não se tem?

— Sim — ele respondeu.

— Então, Eros é desprovido de beleza e não a tem.

— Necessariamente — ele respondeu.

— O quê? O que é desprovido de beleza e de modo algum a possui, então, tu dizes que é belo?

— Não, de fato.

— Portanto, ainda concordas que Eros é belo, se isso assim é?

E Agatão disse:

— Se é assim, Sócrates, parece que nada sei do que disse antes?

c — Sem dúvida falaste bem, Agatão — disse Sócrates. — Mas diz-me uma pequena coisa ainda: as coisas boas não te parecem que também são belas?

— Sim, certamente.

— Ora, se Eros é desprovido de coisas belas, e se as coisas boas são belas, estaria desprovido também das coisas boas.

— Eu, Sócrates — disse Agatão — não poderia te contradizer, mas que seja como tu dizes.

— O que não podes contradizer é a verdade, estimado Agatão, pois Sócrates não é difícil de contradizer.

d Vou deixar-te já; mas o discurso sobre Eros que eu ouvi um dia de uma mulher de Mantineia,[99] Diotima,[100] que era sábia nessas e muitas outras coisas — um dia, enquanto os atenienses ofereciam sacrifícios pela peste, ela adiou a epidemia por dez anos, e foi ela quem me ensinou os assuntos do amor —, o discurso que ela dizia tentarei relatar-vos a partir do que foi acordado por mim e Agatão, sob a minha responsabilidade, como eu puder. Deve-se então, Agatão, como tu expuseste, em primeiro lugar,

e discorrer sobre Eros, sobre quem ele realmente é e sobre qual é a sua natureza, depois sobre suas obras. Parece-me que o mais fácil é fazer como a estrangeira fez outrora, que, enquanto me interrogava, fazia sua exposição. Pois então eu também dizia coisa parecida com o que Agatão agora me disse, que Eros era um grande deus, o deus das coisas mais belas; ela, por sua vez, me refutava justamente com os mesmos argumentos que usei para refutar Agatão, segundo os quais Eros não é belo nem bom. E eu lhe disse:

— Como dizes, Diotima? Então Eros é feio e mau?

E ela respondeu:

— Não te calarás? Ou pensas que o que não é belo é necessariamente feio?

202a — Exatamente.

— Então o que não é sábio é necessariamente ignorante? Ou não percebeste que há algo entre a sabedoria e a ignorância?

— E o que seria?

— A opinião correta, mesmo quando não se é capaz de apresentar uma razão — ela disse —; o que não é conhecimento — pois como pode o conhecimento ser desprovido de razão? — nem é ignorância — pois como pode ser ignorância o que é verdade? —, mas sim algo intermediário.

— Dizes a verdade — eu lhe respondi.

b — Então não digas que o que não é belo é necessariamente feio, nem que o que não é bom é necessariamente mau. Assim também é Eros; tu mesmo concordas que ele não é bom nem belo, mas não penses que ele deva ser feio e mau, porque ele é algo intermediário — ela disse.

— Sem dúvida — disse eu —, todos o reconhecem como um grande deus.

— Falas a respeito de todos os que sabem — ela disse — ou de todos os que não sabem?

— De todos.

E ela, sorrindo, disse:

— E como, Sócrates,

c Eros poderia ser reconhecido como um grande deus por aqueles que dizem que ele nem mesmo é um deus?

— Quem diz isso?

— Um és tu, e o outro sou eu — ela me respondeu.

— Como dizes?

— É fácil de entender. Diz-me: não afirmas que todos os deuses são felizes e belos? Ou ousarias dizer que algum dentre os deuses não é belo e feliz?

— Por Zeus, eu não.

— E dizes que são felizes aqueles que possuem o que é belo e bom?

— Sim.

d — Em verdade, concordaste que Eros deseja as coisas boas e belas justamente porque não as possui?

— Concordei.

— Como pode ser um deus aquele que não participa do que é bom e belo?

— Isso não seria possível.

— Vês então que tu não consideras Eros um deus?

— O que poderia ser Eros? Um mortal?

— De modo algum.

— Mas o que seria, então?

— Como nos exemplos anteriores, um intermediário entre o mortal e o imortal.

— Como, Diotima?

— Um grande nume, Sócrates; pois tudo o que é nume

e está entre o divino e o mortal.

— Que poder tem um nume? — eu lhe perguntei.

— O nume interpreta e transmite aos deuses os assuntos dos homens e aos homens os assuntos dos deuses, de uns as preces e os sacrifícios, de outros as ordens e as recompensas; no meio de ambos, ele os completa, unindo-os. E por intermédio dele é transmitida a arte dos profetas e dos sacerdotes, os sacrifícios, as iniciações

203a e os encantamentos, e também toda a mântica e a magia. Um deus não se mistura com um homem, mas por meio do nume se dá a comunhão e o diálogo dos deuses com os homens, acordados ou dormindo; e um homem numinoso é sábio em assuntos dessa natureza, enquanto o outro que é sábio em coisas diferentes, quer nas artes, quer em trabalhos manuais, é um artesão. Esses numes são muitos e multiformes, e Eros é um deles.

— Quem é o seu pai? E a sua mãe? — eu lhe perguntei.

b — É uma longa explicação; mas, mesmo assim, eu te direi. Quando Afrodite nasceu, houve um banquete entre os deuses, no qual também estava Poros,[101] o filho de Métis.[102] Depois que acabaram de jantar, chegou Penia,[103] mendigando pelo banquete, e ficou à porta. Poros, embriagado de néctar — pois o vinho ainda não existia —, entrou no jardim de Zeus, sonolento, e adormeceu. Penia, em razão de sua carência de recursos, tramou gerar um filho de Poros, deitou-se

c ao lado dele e concebeu Eros. E Eros se tornou companheiro e servo de Afrodite, por ter sido gerado no dia do nascimento da deusa e, ao mesmo tempo, por ser naturalmente amante do belo, e Afrodite é bela. Por ser filho de Poros e Penia, tal foi a sorte de Eros. Em primeiro lugar, ele é sempre pobre e não é delicado nem belo, como pensa a maioria, mas sim duro,

d seco, descalço e sem casa, sempre sem cama e deitado no chão, adormecendo à beira das portas e nos caminhos a céu aberto; porque tem a natureza da sua mãe, está sempre inseparável da indigência. Por outro lado, conforme a natureza do seu pai, é ardiloso com o que é bom e belo, é corajoso, audacioso e firme, hábil caçador, sempre tramando algum ardil, e ávido de conhecimento e pleno de recursos, afeito à sabedoria, hábil feiticeiro, mago e sofista; não

e é mortal nem imortal por natureza, mas um dia floresce e vive, quando está pleno de recursos, e no outro, morre e revive, pela natureza de seu pai. Mas o que obtém sempre se esvai, de modo que Eros não é pobre nem rico e, por sua vez, está entre a sabedoria e a ignorância.

204a Pois assim é. Nenhum deus é afeito à sabedoria nem deseja ser sábio — pois já é —, assim como nenhum homem que já é sábio busca a sabedoria. Tampouco os ignorantes são afeitos à sabedoria ou desejam ser sábios; por isso a ignorância é penosa: quem não é belo nem bom nem sensato pensa estar sempre satisfeito. Ele não pode desejar aquilo de que não sabe que é desprovido.

— Quem são então, Diotima, os que são afeitos à sabedoria, se não são nem os sábios nem os ignorantes?

b — Isso é evidente até para uma criança. São os que estão entre uma coisa e outra, e entre eles está também Eros. Pois a sabedoria é uma das coisas mais belas, e Eros é o amor ao belo, dc modo quc é nccessário que ele seja afeito à sabedoria e, por isso, está entre o sábio e o ignorante. E a sua origem é a causa disso; pois é filho de um pai sábio e pleno de recursos e de uma mãe tola e pobre. Então, essa é a natureza desse nume, querido Sócrates; com relação ao que tu pensaste que fosse Eros,

c não é nada espantosa a tua impressão. Pensaste, como pude deduzir do que disseste, que Eros fosse o amado, não o que ama; por causa disso, penso, Eros te parecia totalmente belo. Pois o amado é na verdade belo, terno, perfeito e afortunado; enquanto o que ama tem um caráter diferente, tal como eu descrevi.

E eu lhe disse:

— Muito bem, estrangeira, falaste bem! Sendo Eros como tal, qual utilidade ele tem para os homens?

d — É o que tentarei mostrar agora, Sócrates. Já falei sobre a natureza e o nascimento de Eros, e tu já compreendeste que ele visa às coisas belas. Se alguém nos perguntasse: Eros é o amor às coisas belas em que, Sócrates e Diotima? Ou, mais claramente: quando um homem ama o que é belo, o que ele deseja?

— Tê-lo para si.

— Mas sua resposta exige ainda a seguinte pergunta: que será daquele que tiver as coisas belas?

— Não tenho resposta para a sua pergunta.

e — Então deixa-me substituir a palavra belo por bom e perguntar novamente: Sócrates, o amante ama as coisas boas; o que ele ama?

— Tê-las para si.

— E o que será daquele que tiver as coisas boas?

— Isso eu posso responder mais facilmente: ele será feliz.

205a — Pois é pela aquisição das coisas boas que os felizes são felizes, e não há mais a necessidade de perguntar para que alguém deseja ser feliz. A resposta parece evidente.

— Dizes a verdade.

— Essa vontade é comum a todos os homens? Todos desejam para si o que é bom, ou não é assim?

— Esse desejo é comum a todos.

— Por que então, Sócrates, não dizemos que todos os homens amam,

b mas dizemos que uns amam e outros não?

— Também eu mesmo estou admirado.

— Mas não te admires; pois uma parte do amor está separada do todo, mas recebo o nome do todo, enquanto a outra parte recebe nomes diferentes.

— Como o quê?

— Sabes que poesia é algo complexo e multiforme. Toda o que surge do nada é poesia ou criação, e os processos de todas as artes são criativos;

c assim, os mestres das artes são poetas ou criadores.

— Dizes a verdade.

— No entanto sabes que eles não são chamados de poetas, mas têm outros nomes; apenas a parte que diz respeito à música e à métrica é chamada de poesia, e apenas os que possuem essa parte da poesia são chamados de poetas.

— Dizes a verdade.

d — Assim também é a respeito do amor. Em geral, todo o desejo do que é bom e de ser feliz é apenas o grande e ardiloso amor. Mas uns se dedicam a ele de muitos modos diferentes, seja nos negócios, seja no gosto pela ginástica ou pela filosofia, e não são chamados de amantes, enquanto outros, que se esforçam por um único tipo de amor, recebem o nome do todo: amor, amoroso e amante.

— É provável que dizes a verdade.

— E conta-se, de fato, uma história segundo a qual os que procuram

e a sua metade são os que amam; mas o meu argumento é de que eles não estão procurando nem suas metades nem o todo, a menos que sua metade ou o todo sejam também bons. E eles são capazes de cortar seus próprios pés e mãos, se lhes parecer que essas partes são más para si eles. Pois eles não amam o que lhes pertence, penso, a não ser que alguém diga que aquilo que lhes pertence é bom e que é mau aquilo que pertence a outro. Pois os homens não

206a amam outra coisa senão o que é bom. Ou te parece que amam outra coisa?

— Por Zeus, a mim não.

— Então, assim é possível dizer simplesmente que os homens amam o que é bom?

— Sim.

—Não se deve acrescentar que amam também ter o que é bom?

— Sim, deve-se acrescentar.

— E não somente ter, mas ter sempre?

— Também isso se deve acrescentar.

— Então o amor — disse Diotima — pode ser descrito como o amor a posse perene daquilo que é bom?

— Dizes as coisas mais verdadeiras. **b** — Sendo assim, se essa é a natureza do amor, de que modo e em qual ação se poderia chamar de amor a diligência e o esforço dos que o perseguem? Qual é o objetivo deles, afinal? Sabes me dizer?

— Não, Diotima; se soubesse, não estaria admirado pela tua sabedoria nem te visitaria para aprender sobre esse assunto.

— Mas eu te direi. O que eles buscam é o nascimento belo, do corpo ou da alma.

— É preciso um adivinho para decifrar o que dizes; não compreendo.

c — Falarei mais claramente. Pois todos os homens concebem, Sócrates, no corpo e na alma. Há uma certa idade em que a nossa natureza anseia dar à luz. Mas não é possível dar à luz no que é feio, e sim no que é belo. Dar à luz é a união de um homem e de uma mulher, e esse é um feito divino; a fecundar e a gerar são um princípio imortal que existe nos mortais. Tais coisas são impossíveis sem harmonia.

d E o feio é desarmonioso em tudo o que é divino, enquanto o belo é harmonioso. Calone[104] então é a Moira[105] e a Ilítia[106] no nascimento. Por causa disso, quando a concepção se aproxima do belo, torna-se propícia, espalha alegria, dá à luz e gera; mas, quando se aproxima do feio, encolhe-se contrariada e atormentada, retrocede, dobra-se e não gera, mas retém o feto e o suporta penosamente. É por isso que ao que está sendo gestado, já túrgido, é grande a excitação suscitada

e pelo que é belo, porque o liberta da grande dor do parto. Pois o amor, Sócrates, não é apenas o amor das coisas belas, como tu pensas.

— Mas o que é exatamente?

— O amor da geração e da procriação no belo.

— Muito bem!

— Sim — ela disse.

— Mas por que então da geração?

— Porque a geração é algo eterno e imortal para um mortal. E é

207a necessário desejar a imortalidade junto com o bem, como concordamos, se é verdade que o amor é ter sempre o bem para si mesmo. Com base nesse raciocínio, é necessário que o amor seja também à imortalidade.

Tudo isso ela me ensinava sempre que falava sobre os assuntos do amor. Lembro que, certa vez, ela me perguntou:

— O que pensas, Sócrates, que é a causa do amor e do desejo? Não percebes como ele terrivelmente conduz todos os animais quando desejam procriar, tanto os terrestres quanto os alados, todos

b contagiados por ele, primeiro na união sexual uns com os outros, depois na criação da prole, quando até os mais fracos estão prontos para lutar para protegê-la contra os mais fortes e morrer; como eles, mesmo extenuados pela fome lutam para nutrir sua cria, e tudo mais são capazes de fazer? Poder-se-ia pensar que os homens agem assim racionalmente; mas, quanto aos animais, por que agiriam assim de modo tão passional?

c Podes me dizer?

E eu por minha vez disse que não sabia; e ela replicou:

— Pensas que um dia serás hábil nos assuntos do amor, se não compreenderes isso?

— Mas exatamente por não compreender, Diotima, como há pouco eu dizia, eu vim a ti, por reconhecer que preciso de professores. Mas diz-me também a causa disso e de outras coisas relativas aos assuntos do amor.

— Se assim acreditas, que o amor é por natureza próprio daquilo que é imortal, como muitas vezes concordamos, não te admires. Pois mais uma vez, e pelo

d mesmo motivo de antes, a natureza mortal procura, na medida do possível, sempre existir e ser imortal. Isso é possível somente por meio da procriação, porque deixa sempre um ser novo no lugar do velho. Na vida de um mesmo indivíduo há sucessão e não unidade absoluta; um homem é considerado sempre o mesmo no breve intervalo entre a juventude e a velhice, da mesma maneira como todo animal tem vida e identidade, ele passa por um processo perpétuo de perdas e reparações — cabelo, carne, ossos, sangue, todo o corpo está sempre mudando.

e Isso é verdade não apenas em relação ao corpo, mas também em relação à alma, cujos hábitos, caráter, opiniões, desejos, prazeres, sofrimentos, medos, nenhuma dessas coisas permanece a mesma em nenhum de nós, estão sempre indo e vindo. Mas ainda mais estranho para nós mortais é que também as ciências

208a não somente nascem e morrem, de modo que em relação a elas nunca somos os mesmos, mas também cada uma delas passa por mudanças semelhantes. Pois o que se chama praticar é na verdade pôr a ciência para fora; o esquecimento é a saída da ciência, enquanto a prática introduz novamente uma nova lembrança no lugar do que saiu, e mantém a ciência viva, de modo que ela pareça a mesma. Desse modo, preserva-se tudo o que é mortal, não por ser sempre exatamente o mesmo, como o

b divino, mas porque o que está partindo e envelhecendo deixa para trás outra coisa nova em seu lugar. Por esse artifício, Sócrates, o mortal participa da imortalidade, tanto o corpo como tudo o mais; com o imortal, todavia, dá-se algo diferente. Então não te admires que todo ser por natureza honre seu próprio rebento, pois graças à imortalidade que esse zelo e esse amor acompanha todo ser.

Após ouvir seu discurso, fiquei admirado e disse:

— Muito bem! Sapientíssima Diotima, então é essa a verdade?

c E ela, como os perfeitos sofistas, disse-me:

— Sabes bem, Sócrates; pense na ambição dos homens, e ficarás espantado com a sua insensatez, a não ser que reflitas sobre o que eu te disse, sobre como eles são movidos pelo amor à fama e à glória imortal. Estão sempre dispostos a se arriscar a todos os perigos, ainda mais que pelos

d filhos, gastar dinheiro e sofrer penas, quaisquer que sejam, e até mesmo morrer. Ou pensas que Alceste[107] morreria por Admeto,[108] ou que Aquiles morreria por Pátroclo, ou que morreria o vosso Codro[109] pela realeza dos filhos, se não pensassem que deixariam a lembrança imortal da sua própria virtude, a que agora nós temos? Longe disso, certamente, mas penso que todos fazem de tudo pela virtude imortal e pela fama gloriosa, quanto mais, melhor;

e pois amam o que é imortal. Aqueles então que são fecundos em seus corpos estão mais voltados para as mulheres e por isso são amorosos, pela imortalidade por meio da procriação, da memória e da felicidade, como pensam, que dure para sempre; mas há os que

209a são fecundos na alma — pois certamente há homens mais criativos em sua alma do que em seu corpo —; e alma concebe e dá à luz o que lhe cabe. E o que seria? O conhecimento e as demais virtudes, de que são procriadores todos os poetas e quantos artesãos se dizem inventores. Mas o maior e mais belo tipo de conhecimento é o que diz respeito à ordenação dos assuntos das cidades e das famílias, que recebe o nome de temperança e justiça. E aquele que na juventude

b carrega tais dons na alma, sendo de natureza divina, quando vem à idade, já deseja procriar e gerar; esse de fato procura em seu redor a beleza na qual possa engendrar; pois jamais engendraria no feio. E os corpos belos mais que os feios acolhe com alegria para fecundar, e quando encontra uma alma bela, nobre e bem desenvolvida por natureza, intensamente acolhe com alegria o conjunto, e para esse homem logo há a abundância de discursos sobre a virtude e sobre o que é preciso

c ao homem para que seja bom e tenta educá-lo. Pois, ao tocar o belo, penso, e ao estar em sua companhia, dá à luz o que há muito tempo havia concebido, relembrando sua presença em sua ausência, de modo que mantêm entre si uma comunidade muito maior que a dos filhos e uma amizade mais sólida, porque têm em comum filhos que são mais belos e mais imortais. E qualquer um receberia para si tais filhos que são mais que

d humanos, após prestar atenção em Homero e Hesíodo e nos demais poetas e emular os bons, porque deixaram tais descendentes, que lhes propiciam imortal glória e memória, sendo semelhantes a eles mesmos. Quem não iria querer filhos como os deixados por Licurgo,[110] salvadores da Lacedemônia,[111] salvadores da Lacedemônia e, por assim dizer, da Grécia. E há também Sólon,[112] reverenciado pela criação das leis atenienses, e muitos outros

e homens, de muitos outros lugares, tanto entre os gregos como entre os bárbaros, que mostrarem muitas e belas obras e geraram toda espécie de virtude; e muitos templos foram erguidos em honra a eles e por filhos como os que eles geraram, como nunca se ergueram por ninguém.

Tais então são os mistérios menores do amor, Sócrates, nos quais também tu

210a poderias te iniciar; quanto aos maiores e mais secretos, que coroam o tema, se procederes corretamente, não sei se serias capaz de iniciar-te. Contá-los-ei então eu mesma e não pouparei nenhum esforço; tenta acompanhar, se puderes. Pois aquele que perseguir corretamente esse assunto deve começar desde jovem a se dirigir aos belos corpos; em primeiro lugar, se seu guia o guiar corretamente, ele deve amar um único corpo e assim engendrar belos discursos; logo ele deve entender que a beleza

b de um corpo é irmã da de outro corpo; e se a beleza da forma é o que procura, muito irracional seria não reconhecer que a beleza é uma só e está em todos os corpos. Percebendo isso, deve abandonar esse amor arrebatado a uma só coisa, desprezá-lo e considerá-lo insignificante, e então tornar-se amante de todos os belos corpos; depois disso, deve-se considerar mais valiosa a beleza que está nas almas que a que está no corpo; ainda que alguém de alma virtuosa tenha pouco esplendor,

c ficará contente com ele, o amará e cuidará dele, e buscará e engendrará pensamentos que tornem os jovens melhores, a fim de que se seja, uma vez mais, obrigado a contemplar a beleza nos ofícios e nas leis e a ver que todo o belo tem parentesco consigo mesmo, para que considere a beleza do corpo algo insignificante; e depois dos ofícios, deve se conduzir para as ciências, a fim de que possa ver a beleza

d delas, não como um servo apaixonado pela beleza da juventude, de um homem ou de uma instituição, vil escravo de mente fechada, mas voltado para o imenso oceano do belo, e, contemplando-o, produza muitos belos e magníficos pensamentos e discursos no ilimitado afeto pela filosofia, até que, fortalecido e crescido, contemple uma única ciência, que é a ciência da beleza que está em toda parte.

e E tenta prestar a máxima atenção possível em mim. Pois aquele que foi conduzido até aqui nos assuntos do amor, por ter contemplado continua, e corretamente, o que é belo, indo para o mais alto grau dos assuntos amorosos, de repente contemplará algo admirável e belo por natureza, e isso, Sócrates, e a causa maior de todas as fadigas anteriores, algo que, em primeiro lugar,

211a sempre existe, não nasce nem perece, nem cresce nem diminui; depois, não é belo por um lado e feio por outro, nem belo em um lugar e feio em outro, ou belo agora e feio depois, ou belo para uns e feio para outros; nem se mostrará belo como um rosto como as mãos, nem nenhuma outra parte do corpo, nem como um discurso ou uma ciência, nem como algo que existe em outra coisa, como um ser vivo existe na terra ou no céu

b ou em algum outro lugar, mas algo belo em si mesmo, que sempre é único, enquanto todas as outras coisas belas participam dele, de tal maneira que, nascendo e morrendo em tudo o que é belo, permanece igual, nem maior nem menor, e não sofre nada. Quando então alguém ascende a partir das coisas deste mundo ao reto amor aos jovens e começa a contemplar o que é belo, quase poderia atingir o seu fim. Pois de fato esse é o modo correto de

c alcançar os assuntos amorosos ou de ser conduzido neles: começando pelas coisas belas, por causa do belo sempre subir, como se utilizasse degraus, de um só para dois e de dois para todos os belos corpos, e dos belos corpos para os belos ofícios, e dos ofícios para os belos conhecimentos, e dos belos conhecimentos para terminar no conhecimento não de outra coisa senão daquela beleza, para que se conheça o que é belo em si mesmo.

d Essa, mais do que qualquer outra, querido Sócrates — disse-me a estrangeira de Mantineia —, é a vida que um homem deve viver, a contemplação do que é belo em si mesmo. A beleza que, se um dia a vires, parecer-te-á diferente do ouro e das vestes, ou de belos jovens, cuja visão agora te satisfaz e com quem tu, como muitos outros, ficarias contente apenas de ver e estar sempre junto, mesmo sem comer nem beber, se isso fosse possível, bastando-lhe contemplá-los e estar perto deles. O que então pensaríamos, se alguém fosse capaz de contemplar

e o belo em si, autêntico, puro, sem mistura, não cheio de carnes humanas e cores e outras muitas tolices mortais, mas a divina beleza em si, única? Será que pensas que é fútil a vida

212a de um homem que olha para aquela direção e para aquilo que é necessário, e o contempla e convive com ele? Ou não consideras que somente quando vir a beleza da maneira como ela pode ser vista, então lhe será possível engendrar não imagens da virtude, pois não está mais lidando com uma imagem, mas sim as virtudes verdadeiras, porque está em contato com a verdade? E, engendrando e criando a virtude verdadeira, tornar-se querido pelos deuses e imortal? Seria essa uma vida desprezível?

b E isso, Fedro — e não falo apenas a ti, mas a vós todos —, foi o que me disse Diotima, e eu estou convencido de que é a verdade. E, estando convencido, tento convencer também os outros de que para tal aquisição não haveria um colaborador melhor que Eros. Por isso eu digo que todo homem deve honrar Eros; eu mesmo honro os assuntos do amor e com distinção o venero, e aos outros exorto a fazer o mesmo, e agora e sempre elogio o poder e a coragem de Eros tanto quanto posso. Assim encerro meu

c discurso, Fedro, e, se quiseres, podes considerá-lo um encômio a Eros.

Quando Sócrates terminou de falar, os circundantes o louvaram, enquanto Aristófanes tentava dizer algo, porque fora citado no discurso de Sócrates; mas de repente bateram à porta do pátio e fez-se bastante barulho, como o de membros do cômos,[113] e ouviu-se o som de flauta. Então Agatão disse:

— Escravos,

d não vereis o que é isso? Se for algum de nossos conhecidos, chamai-o; se não, dizei que acabou o banquete e já repousamos.

Pouco depois se ouve a voz de Alcibíades no pátio, muito embriagado e gritando alto, perguntando onde estava Agatão e pedindo que o conduzissem para junto dele. Conduziram-no então até os convivas, amparado por alguns escravos e pela flautista. Ele ficou ao pé da porta,

e com uma coroa repleta de folhas de hera e violetas, com muitas e muitas fitas sobre a cabeça, e disse:

— Salve, amigos! Recebereis como conviva um homem completamente embriagado ou devo coroar Agatão — motivo de minha vinda — e ir embora? Pois eu não pude vir ontem, e agora aqui estou, com fitas sobre a cabeça, para com elas coroar a cabeça do mais sábio e do mais belo, se posso dizer assim. Então, rireis de mim porque estou embriagado? Pois eu sei muito bem que

213a digo a verdade, ainda que riais de mim. Mas dizei antes: pelo que eu disse, devo entrar ou não? Bebereis comigo ou não?

Todos então o aplaudiram e pediram que ele entrasse e se reclinasse, especialmente Agatão. Conforme era conduzido pelos homens, tirava as fitas da cabeça para coroar Agatão. Como as fitas cobriam seus olhos, não viu Sócrates, que lhe abriu caminho.

b Alcibíades sentou-se entre Agatão e Sócrates e em seguida abraçou Agatão e o coroou. Então Agatão disse:

— Descalçai Alcibíades, escravos, a fim de que se acomode como o terceiro neste leito.

— Certamente — disse Alcibíades —; mas quem é nosso terceiro conviva? — e, logo que se vira, depara-se com Sócrates. Ao vê-lo, dá um salto e diz: — Ó Héracles, o que é isso? Sócrates, és tu? Espreitando na surdina, surgindo inesperadamente e me pegando de surpresa,

c como é do teu feitio. E agora, o que tens a dizer? E por que te reclinas aqui, junto não dos brincalhões ou dos que amam fazer rir, como Aristófanes, mas sim do mais belo dos que estão neste recinto?

Sócrates tornou para Agatão e disse:

— Agatão, vê se me defendes! Pois o amor desse homem se tornou um caso sério para mim. Pois desde que me tornei admirador dele

d não me foi mais permitido conversar nem mesmo olhar para nenhum belo. Se me atrevo a fazê-lo, ele logo se enche de inveja e ciúme, e não apenas me insulta como mal consegue manter as mãos longe de mim, podendo até me ferir. Vê se ele não me fará algum mal agora e reconcilia-nos, ou, se ele tentar alguma violência, defende-me, porque eu temo muito a sua loucura e paixão amorosa.

— Não pode haver reconciliação entre mim e ti — disse Alcibíades. — Mas me vingarei de ti em outra ocasião. Agora,

e Agatão, peço-te que devolva algumas das fitas, para que eu coroe também a admirável cabeça deste aqui, e que ele não me censure porque te coroei, negligenciando-o, logo ele, que vence todos os homens nos discursos, não somente ontem, como tu, mas sempre.

E ao mesmo tempo que pegava as fitas, coroou Sócrates e tornou a reclinar-se. Novamente acomodado, disse:

— Muito bem, então, homens! Parece-me que vos mantivestes sóbrios, o que não está certo; deveis beber, pois foi esse o nosso acordo. Eu me elejo o senhor da bebida, até que vós bebais o bastante. Traga-nos uma grande taça, Agatão, ou, antes — disse ele, dirigindo-se a um escravo —, traga-me aquele vaso de resfriar vinho — o vaso de resfriar vinho que lhe chamou a atenção era um recipiente

214a com capacidade para mais de oito cótilos.[114] Ele o encheu e foi o primeiro a beber, depois ordenou ao escravo que o enchesse novamente, para que Sócrates o vertesse, enquanto dizia: — Diante de Sócrates, meus amigos, esta minha ingênua cilada não é nada; pois ele é capaz de beber qualquer quantidade de vinho sem jamais se embriagar.

Então Sócrates verteu a taça que o escravo lhe serviu, e Erixímaco disse:

— O que faremos então, Alcibíades?

b Não conversaremos nem cantaremos sobre nossas taças, simplesmente beberemos, como se estivéssemos sedentos?

Alcibíades então lhe respondeu:

— Salve Erixímaco, excelente filho do melhor e mais prudente pai.

— Digo o mesmo a ti — respondeu-lhe Erixímaco —; mas o que devemos fazer?

— O que tu ordenares. Devemos obedecer-te, "pois um homem que é médico a muitos outros equivale".[115] Ordena então o que quiseres.

— Bem — disse-lhe Erixímaco —, entre nós, antes de entrares, foi decidido que era preciso que cada um, da esquerda para a direita, em sua vez, proferisse

c um discurso sobre Eros, o mais belo possível, e o elogiasse. Nós todos já o proferimos. E visto que tu não falaste, mas bebeste bastante, é justo que o fales e então ordenes a Sócrates o que quiseres, e ele ao companheiro da direita, e assim por diante.

— Falaste bem, Erixímaco — disse Alcibíades —, mas comparar as palavras de um homem embriagado às de um homem sóbrio não é junto, não estou em igualdade de condições. E, além disso, bem-aventurado, eu gostaria de saber se

d acreditaste no que Sócrates disse há pouco. Pois posso assegurar-te que a verdade é justamente o contrário do que ele disse e, se eu elogiar qualquer um na presença dele, seja um deus, seja outro homem que não ele, ele dificilmente manterá suas mãos longe de mim.

— Por que não te calas? — disse-lhe Sócrates.

— Por Posídon[116] — respondeu-lhe Alcibíades —, segura tua língua, que eu não elogiaria nenhum outro estando tu presente.

— Pois bem — disse-lhe Erixímaco —, se assim quiseres, elogia Sócrates.

e — O que dizes? — perguntou-lhe Alcibíades. — Parece-te necessário, Erixímaco? Devo perseguir o homem e vingar-me dele diante de vós?

— O que tens em mente? — disse-lhe Sócrates. — Farás os outros rirem à minha custa? É esse o propósito de teu elogio?

— Direi a verdade, se me permites.

— Não apenas permito; exorto que a diga.

— Não tardarei — respondeu-lhe Alcibíades. — E se eu disser algo que não for verdadeiro, interrompa, se quiser, e diz que eu estou mentindo. Pois voluntariamente em nada

215a mentirei. Mas não te admires se, enquanto estiver me lembrando de uma coisa, disser outra, pois não é fácil, no meu estado, enumerar com desembaraço e fluidez as tuas singularidades.

Agora, meus amigos, eu tentarei elogiar Sócrates de um modo que a ele parecerá uma caricatura, e não entanto não almejo zombar dele, mas sim dizer a verdade. Pois digo que ele é justamente como os bustos dos silenos[117]

b nos estatuários, os quais os artífices esculpem com siringes[118] e aulos[119] e que abertos ao meio mostram que dentro têm estatuetas de deuses. E digo também que ele é como o sátiro Mársias.[120] Tu mesmo não negarás, Sócrates, que a tua imagem é semelhante à de um sátiro; e a semelhança não para por aí. És insolente! Ou não? Pois, se não concordas, posso apresentar testemunhas. Não és um flautista? É o que tu és, e muito mais admirável que Mársias.

c Ele, de fato, pelos instrumentos encantava os homens com o poder de sua boca, bem como aqueles que ainda agora tocam sua música — as melodias que Olimpo[121] tocava foram ensinadas por Mársias, e mesmo elas, tocadas quer por um bom flautista, quer por uma flautista comum, têm um poder que nenhuma outra possui; são capazes de possuir nossa alma e revelam a vontade daqueles que têm necessidade dos deuses e dos mistérios, porque são divinas. Mas tu produzes o mesmo efeito apenas com tuas palavras, sem necessidade de flauta; essa é a diferença entre tu

d e ele. Quando ouvimos qualquer outro orador, mesmo que seja muito bom, nenhum efeito se produz sobre nós, ou quase nenhum, mas quando alguém ouve a ti ou as tuas palavras por outro proferidas, ainda que sejam repetidas de forma imperfeita, fica atônito e encantado, pouco importa se for mulher, homem ou mesmo uma criança que as escuta. Se eu não temesse que pensais que estou completamente embriagado, meus amigos, eu juraria que eu mesmo sofri pelas palavras dele e sofro ainda

e agora. Pois meu coração palpita muito mais que o dos coribantes[122] e minhas lágrimas escorrem quando ouço seus discursos, e vejo que o mesmo ocorre com os outros. Quando ouço Péricles[123] e outros bons oradores que pensava que discursavam bem, eu não sinto nada parecido; minha alma não se perturba e eu não me irrito por me ver cativo. Mas esse Mársias aqui muitas vezes

216a me deixou assim, fazendo com que eu sentisse que não é possível continuar a viver. E isso, Sócrates, não podes negar. E estou certo de que, mesmo agora, se eu não tapar minhas orelhas e fugir como da voz de uma sereia, eu não suportaria, e experimentaria a mesma coisa. Ele me trespassaria, e eu envelheceria a seus pés. Pois ele me faz concordar que não devo continuar vivendo assim, negligenciando os desejos de minha alma e me ocupando com os assuntos de Atenas.[124]

b Portanto tapo minhas orelhas e fico longe dele. E ele é o único que já me deixou envergonhado, o que ninguém pensaria haver em mim, e nenhum outro é capaz de me deixar assim. Pois sei que não posso contrapor-me a ele e que não se deve fazer o que ele ordena, mas quando me afasto sou vencido pela honra que recebo da maioria. Corro e fujo dele, e quando o vejo, envergonho-me do que me fez confessar.

c E muitas vezes com prazer desejei que ele morresse; no entanto, se isso acontecesse, sei com certeza que muito maior seria minha angústia, de modo que não sei como posso tratar esse homem.

E isso é o que eu e muitos outros experimentamos pelas árias da flauta desse sátiro. Mas ouvi mais uma vez como é sua figura e vede como é admirável o poder que tem. Pois bem sabei que ninguém dentre vós

d o conhece, mas eu o mostrarei; visto que comecei, devo continuar. Pois vedes que Sócrates amorosamente se dispõe pelos belos, está sempre em torno deles e sempre fica atordoado na presença deles, esquece tudo e torna-se ignorante de todas as coisas — é assim que ele fica. Nesse aspecto, não é como um sileno?[125] Exatamente. Ele se reveste com a imagem de um sileno; mas, por dentro, após aberto, quanta temperança não há nele, meus amigos! Sabei que não lhe importa nada a beleza, a riqueza e a honra;

e ele as despreza totalmente. Tampouco trata com deferência os que as possuem; para ele, nenhuma conquista tem valor e nós não somos nada. Digo-vos: ele passa a vida ironizando e zombando dos homens. Mas quando ele se abriu diante de mim e pude vislumbrar o que há dentro dele, vi imagens que me pareceram divinas, todas feitas de

217a ouro, tão belas e fascinantes que eu seria capaz de fazer prontamente tudo o que Sócrates ordenasse. Elas podem ter escapado à observação dos outros, mas eu as vi. Pensando que ele se interessava pela minha beleza juvenil, considerei que era uma grata surpresa e uma admirável boa sorte que se apresentava a mim, pois teria a oportunidade de ouvir tudo o que ele sabia; eu tinha então em grande estima o poder de atração de minha juventude. Em busca desse objetivo, dispensei o servo que costumava me acompanhar —

b direi toda a verdade e peço que escutais: se eu estiver mentindo, Sócrates, refuta-me. Bem, eu e ele vimo-nos sozinhos, e pensei que logo ele falaria comigo o que um amante falaria no retiro com seu amado, e isso me alegrava. Mas nada disso aconteceu. Ele falava como de costume, passou o dia comigo e foi embora.

c Convidei-o para fazer ginástica, e lutamos e nos exercitamos quando não havia ninguém presente. Pensei que assim obteria algum sucesso, mas não consegui nada. Por fim, já que eu falhara até então, pareceu-me que devia atacar o homem de frente, sem ceder, mas vede como os obstáculos se interpuseram entre nós. Convido-o para jantar, como se ele fosse um belo jovem e eu um amante tramando conquistá-lo. E nem nisso

d de pronto ele me atendeu, mas, com o tempo, deixou-se convencer. Quando veio pela primeira vez, quis partir logo depois do jantar. Eu, nesse momento, fiquei constrangido de tentar detê-lo e deixei-o ir. Na segunda vez, ainda perseguindo meu objetivo, após o jantar conversei com ele sem parar até tarde da noite, e, quando ele quis ir embora, eu disse que era muito tarde e convenci-o a ficar. Ele se acomodou no leito perto de mim, no mesmo em que jantamos, e ninguém mais dormia no recinto senão

e nós. Até aqui, nada do que eu disse foi escandaloso; mas o que direi daqui em diante não ouviríeis sair da minha boca caso não estivesse embriagado. Pois, como diz o ditado, "no vinho está a verdade", na frente de crianças ou não, então devo falar. Parece-me injusto ocultar as ações brilhantes de Sócrates, já que estou aqui para elogiá-lo. Por fim, senti a picada da serpente. Conta-se que, quando alguém sofre, não quer falar senão aos que também sofrem, por serem os únicos capazes de entendê-lo,

218a e não serão severos demais no julgamento. Eu então fora mordido por algo mais doloroso que as presas de uma víbora; conheci no coração, ou na alma, a pior das dores, mais violenta na juventude ingênua que as presas da serpente, a dor da filosofia, capaz de obrigar um homem a fazer e dizer o que quer que seja — e vós, que estais diante de mim, Fedro, Agatão,

b Erixímaco, Pausânias, Aristodemo e Aristófanes, vós todos, inclusive o próprio Sócrates, tendes experimentado a loucura e o delírio báquico em vossa busca pela sabedoria. Por isso, vós todos me ouvireis e perdoareis as coisas que fiz e que agora digo. Quanto aos escravos, e qualquer outro inculto aqui presente, tapais vossas orelhas.

Pois então, amigos, quando a lamparina se apagou e

c os escravos se retiraram, pareceu-me que não era mais necessário fingir diante dele, que poderia livremente dizer o que eu pensava. E disse, ao chacoalhá-lo:

— Sócrates, estás dormindo?

— É claro que não — disse ele.

— Sabes o que estou pensando?

— O quê, exatamente?

— Penso que, de todos os amantes que já tive, és o único digno de mim, e te mostras hesitante para te declarares a mim. E eu penso que seria um tolo se te negasse qualquer coisa que necessites,

d então ofereço tudo o que tenho e tudo o que têm os meus amigos, para que me guies no caminho da virtude, o que desejo mais que tudo, e penso que nessa matéria não há maior autoridade que tu. Eu certamente teria mais motivo para me envergonhar se, diante dos sábios, negasse a ti algum favor do que se o concedesse diante dos insensatos.

E ele, após ouvir-me, respondeu com a ironia que lhe é própria:

— Querido Alcibíades, tens de fato aspirações elevadas, se o que estás dizendo é verdade e

e se há em mim algum poder pelo qual tu poderias te tornar melhor. Certamente vês uma extraordinária beleza em mim, e uma beleza de natureza infinitamente superior à da que vejo em ti. Desse modo, se tentas compartilhá-la comigo e trocar beleza por beleza, ficarias em grande vantagem, pois, em vez de aparência, ganharias a beleza verdadeira.

219a Como Diomedes, receberias "ouro em troca de cobre".[126] Mas, bem-aventurado, é melhor examinares, para que não te enganes a meu respeito. De fato, os olhos da razão começam a ver melhor quando os olhos do corpo perdem a força, mas isso ainda está longe de acontecer a um jovem como tu.

E eu, após ouvi-lo, disse:

— Eu já disse o meu propósito, que é sério; vê o que pensas ser melhor para mim e para ti.

— Falaste bem — respondeu ele. — No futuro

b decidiremos e faremos o que for melhor nesta e em outras questões.

Eu, depois que o ouvi, pensei que o houvesse atingido, após ter disparado minhas flechas; levantei-me sem demora, cobri-o com este meu manto — pois era inverno — e recostei-me junto a sua túnica grosseira, abracei com meus braços esse ser

c numinoso, verdadeiro e admirável, e fiquei deitado a noite inteira. E em nada, Sócrates, poderás dizer que estou mentindo. Mas, apesar de eu ter feito tudo isso, esse homem foi arrogante comigo, desprezou-me, fez pouco da minha juventude — a qual eu pensava ser atraente —; escutai, juízes, pois o que julgais aqui é a arrogância de Sócrates; nada mais aconteceu, mas

d pela manhã, quando acordei — os deuses são testemunha —, foi como se com um pai ou um irmão mais velho tivesse dormido.

O que pensais que eu senti após tal rejeição, após semelhante ultraje? Mas eu não podia deixar de pensar em sua temperança e coragem. Nunca havia imaginado que um dia encontraria um homem com tal sabedoria e firmeza. Por conseguinte, não podia de modo algum ficar com raiva e me afastar de sua companhia, nem encontrava maneira

e de me aproximar dele. Pois sabia que, se Ájax[127] não podia ser ferido pelo ferro, dele não poderia ceder ao dinheiro. Minha única chance de apanhá-lo, e ele me escapou. Estava de fato sem recursos, e jamais um homem esteve tão cativo de outro quanto eu. Isso tudo aconteceu antes de irmos a uma expedição militar em Potideia,[128] onde fazíamos as refeições juntos. Lá tive a oportunidade de observar sua extraordinária resistência à fadiga. Sua resistência mostrou-se incrível

220a quando ficamos sem suprimentos e fomos obrigados a passar sem comida — em situações assim, frequentes em tempos de guerra, ele foi superior não só a mim mas a todos os outros; ninguém se comparava a ele. Por outro lado, em festivais, diante da fartura, é o que mais se diverte; mesmo sem querer, é capaz de beber mais que todos, e o mais admirável de tudo é que nunca nenhum homem viu Sócrates embriagado. Mas suas habilidades não tardarão em ser testadas. Sua resistência ao frio também é surpreendente. Houve lá um inverno terrível, pois o inverno naquela região é muito rigoroso, e todos permaneceram em casa;

b ou, se alguém saía, vestia-se com uma quantidade espantosa de roupas, colocava calçados e enrolava os pés em lãs e peles de carneiro. Sócrates, no entanto, saía com os pés descalços e vestindo o mesmo manto de sempre, e caminhava pelo gelo mais facilmente que os outros soldados. Estes o olhavam

c com raiva, porque parecia que ele os desdenhava.

Contei uma história a vós e agora devo contar outra, que merece ser contada,

Dos feitos e agruras de um varão,[129]

certa vez, na expedição. Após meditar a madrugada inteira, ficou em pé, concentrado, mas a ideia não lhe vinha. Mesmo assim, não desistiu, e ficou em pé procurando-a. Ao meio-dia, os homens o notaram, ficaram admirados e comentavam um com o outro que Sócrates havia ficado em pé a madrugada inteira pensando em algo. Finalmente, alguns iônios,[130] curiosos, depois de terem

d jantado levaram para fora seus leitos e dormiam ao ar livre — pois era verão nessa época —, enquanto o vigiavam para ver se também ficaria de pé a noite toda. E ele ficou de pé até vir a aurora e o sol se levantar. Depois de fazer uma prece ao sol, afastou-se. Contar-vos-ei também, se quiserdes — e de fato é mister contar-vos —, de sua coragem em batalha, pois quem senão ele mesmo salvou minha vida? Foi nessa ocasião em que recebi o prêmio por bravura.

e Eu estava ferido, e ele não me abandonou, resgatou tanto a mim como minhas armas. Ele é que merecia o prêmio por bravura, que quiseram conceder a mim em parte por causa de minha posição. Contei a todos o que realmente sucedera — quanto a isso, Sócrates, não podes censurar-me nem dizer que estou mentindo —; mas ele mais que todos insistiu que eu, e não ele, deveria receber o prêmio. Ainda então, amigos, houve outra ocasião em que o comportamento de Sócrates foi admirável

221a — a fuga da infantaria depois da batalha de Délio,[131] na qual ele lutou. Lá tive mais oportunidades de vê-lo do que em Potideia, pois estava com meu cavalo e, portanto, menos ameaçado. Nossos homens já se dispersavam, ele e Laques[132] batiam em retirada juntos; e eu me deparei com eles e exortei-os a ter coragem, e prometi que não os abandonaria.

b A mim parecia, Aristófanes, que, como em teu discurso, ele caminhava como aqui, "altivo e com o olhar de soslaio",[133] com calma, observando os amigos e os inimigos, e deixando evidente para todos, mesmo os mais distantes, que, se alguém o atacasse, enfrentaria sólida resistência. E assim ele e seus companheiros escaparam, pois esse é o tipo de homem que nunca é tocado em combate,

c uma vez que só são perseguidos os que fogem precipitadamente.

Muitas são as maravilhas que eu poderia narrar em elogio a Sócrates; muito do que se poderia dizer sobre ele também poderia ser dito sobre outro, mas sua unicidade, o fato de ele ser absolutamente incomparável a qualquer homem que já existiu, isso é digno de toda admiração. Podeis comparar Brásidas[134] e outros a Aquiles; ou comparar Nestor[135] e Antenor[136] a Péricles; e o mesmo pode ser dito a respeito de

b outros homens notórios, mas, em relação a este homem, jamais sereis capazes de encontrar ninguém parecido, nem remotamente, seja no presente, seja no passado — exceto os silenos e os sátiros, como sugeri há pouco. Eles representam na aparência não apenas ele mesmo, mas também suas palavras.

e Pois, apesar de eu ter esquecido de dizer, as palavras dele são como as imagens dos silenos; abrem-se. De início, parecem ridículas; ele se disfarça com a linguagem de um sátiro insolente, pois fala de burros carregando cestos, de ferreiros, sapateiros e curtidores de couro, e sempre parece repetir as mesmas coisas e as mesmas palavras, de modo que qualquer homem inexperiente e tolo sentir-se-á

222a pronto para zombar dele. Mas aquele que abre a estatueta e vê o que há dentro, verá que só as palavras dele têm significado e são as mais divinas, repletas de imagens de virtude e capazes de abranger tudo quanto interessa àquele que tiver a intenção de ser belo e bom.

Este, homens, é o meu elogio a Sócrates. Eu o censurei por ter-me destratado. No entanto,

b ele não destratou somente a mim, mas também Cármides, filho de Glauco, Eutidemo, filho de Diocles, e muitos outros — ele começa como amante, mas termina na posição de amado. O que eu te digo, Agatão, é que não sejas enganado por esse homem; aprende com meu exemplo e toma cuidado, não faças como no provérbio, segundo o qual um néscio aprende padecendo.[137]

c Quando Alcibíades terminou, os outros riram da franqueza, porque parecia ainda estar enamorado de Sócrates.

— Alcibíades — disse-lhe Sócrates —, vejo que estás sóbrio, pois de outro modo não estarias tentando esconder o propósito de teu elogio ao sátiro, uma vez que essa longa história foi apenas um engenhoso circunlóquio, cujo intento se revela no final.

d Queres criar uma intriga entre mim e Agatão, pensando que devo amar apenas a ti e a mais ninguém, e que apenas tu podes amar Agatão. Porém não me escapaste, com esse drama satírico ou silênico que maquinaste. E tu, querido Agatão, não deves permitir que ele nos coloque um contra o outro.

— Acredito que estejas dizendo a verdade, Sócrates — disse Agatão.

e E suspeito que ele se sentou entre mim e ti a fim de que ficássemos separados. Mas ele nada obterá com esse ardil, pois vou me sentar ao teu lado.

— Sim — disse Sócrates —, reclina-te aqui, junto de mim.

— Ó Zeus — disse Alcibíades —, como sofro nas mãos desse homem. Está decidido a levar a melhor sobre mim sempre. Eu te peço, permite que Agatão se sente entre nós.

— Certamente que não — disse-lhe Sócrates. — Pois tu me elogiaste, e eu, por minha vez, devo elogiar o que está a minha direita. Se Agatão ficar entre nós, a ordem ficará alterada, e ele terá de me elogiar novamente quando deveria ser elogiado por mim. Devo insistir que consintas

223a e não sejas ciumento, pois desejo muito elogiá-lo.

— Bravo! — exclamou Agatão. — Levantar-me-ei agora, para ser elogiado por Sócrates.

— Como de costume, quando Sócrates está presente, é impossível a outro participar da companhia de um belo — disse Alcibíades. — Vede o quão facilmente encontrou um argumento para persuadir Agatão a ficar junto dele.

b Quando Agatão se levantou para recostar-se ao lado de Sócrates, uma grande quantidade de membros do cômos de repente chegou à porta e, encontrando-a aberta, pois alguém havia acabado de sair, foi direto a eles e tomou parte no banquete, como se estivesse em casa. Houve grande confusão, e todos foram obrigados a beber vinho em demasia. Aristodemo disse-me que Erixímaco, Fedro e alguns outros foram embora, e ele mesmo adormeceu

c e teve uma longa noite de descanso. Ele acordou depois do nascer do sol, com os galos cantando, e viu que os que não foram embora estavam dormindo. Ali restavam apenas Agatão, Aristófanes e Sócrates, e estes estavam acordados, bebendo de uma grande taça que ia de mão em mão, e Sócrates discursava.

d Aristodemo estava apenas semiacordado e não ouvira o início do discurso. O principal do que ele se lembrava era que Sócrates os convencia de que o espírito da comédia é o mesmo da tragédia, e quem é bom tragediógrafo também é bom comediógrafo. De fato, eles foram persuadidos a confirmar, sonolentos e sem compreender perfeitamente o argumento. O primeiro a adormecer foi Aristófanes, e depois, quando já era dia, Agatão. Sócrates os pôs para dormir, levantou-se e partiu, e Aristodemo, como lhe era de costume, acompanhou-o. Foi para o Liceu,[138] onde se banhou e passou o dia, até à tarde, quando foi para casa repousar.

NOTAS

[1] Situado ao sul de Atenas, é o mais antigo porto ateniense e foi o principal porto da cidade até o começo do século V a.C.

[2] A brincadeira faz alusão ao fato de "Falereu" significar tanto alguém nascido em Falero como "homem calvo". Outra possibilidade é que a brincadeira se refira ao modo como Apolodoro é interpelado, com o emprego de uma fórmula oficial, que chamava o indivíduo pelo nome e mencionava o seu demo, forma usada especialmente em cerimônias e nos tribunais.

[3] Personagem que atua como interlocutor de Sócrates.

[4] Poeta trágico ateniense, cuja primeira vitória ocorreu em 416 a.C.

[5] Filósofo ateniense, 469-399 a.C. Influenciou vários pensadores, sendo Platão o mais célebre deles.

[6] Político ateniense do século V a.C., amigo de Sócrates, famoso por sua riqueza, beleza e inteligência.

[7] O termo em grego é *syndeípnon* (συνδειπνον), que significa "ceia" ou "refeição comum", "banquete". Já o título do diálogo, no entanto, é *sympósion* (συμποσιον), "bebida em conjunto" que havia após a refeição em um jantar coletivo, mas que, por força da tradição, convencionou-se traduzir por "banquete".

[8] Irmão de Platão.

[9] Os membros de um coro trágico.

[10] Pai dos deuses e dos homens, Zeus, filho de Crono e Reia, reinou sobre todos após destronar seu pai.

[11] Interlocutor do diálogo.

[12] Um dos distritos atenienses.

[13] Aqui há um trocadilho com o nome de Agatão. A frase em grego é Αγαθων επι δαιτας ιασιν αυτοματοι αγαθοι, na qual *Agátōn* também significa "bons", como *agathoí*. Alguns autores optam por manter a tradução "ao jantar dos bons, os bons vão espontaneamente". Como no nosso texto grego o nome de Agatão está grafado em letra maiúscula, mantivemos a tradução do nome próprio em vez da do adjetivo.

[14] Poeta épico grego a quem é atribuída a autoria dos versos em hexâmetro datílicos da *Ilíada* e da *Odisseia*. Estudos realizados sobre a cronologia de suas obras nos trazem informações que datam dos séculos XII a IX a.C. O episódio está na *Ilíada*, Canto XVII, 587.

[15] Rei de Argos, chefe de todos os homens, liderou os gregos na Guerra de Troia.

[16] Rei de Esparta, irmão de Agamêmnon e marido de Helena.

[17] Platão faz uma adaptação do verso 224 do Canto X da *Ilíada*, no qual Homero canta: "indo um pelo outro" (ερχομενω και τε προ ο του), enquanto Platão afirma: "pondo-se a caminho" (ερχομενω προ οδου).

[18] Os convivas se reclinavam em uma espécie de leito chamado *klínos* (κλινος), que geralmente comportava duas pessoas.

[19] Interlocutor do diálogo que atuará como médico na crise de soluço de Pausânias; ver **385d-e**.

[20] Hábito parodiado por Aristófanes em *As nuvens*, 634.

[21] Sentar-se ao lado do anfitrião era considerado uma honra.

[22] Trata-se de uma ironia socrática, visto que 30.000 é o número estimado de cidadãos atenienses, pois o teatro de Dioniso possuía 78 fileiras com acomodações para cerca de 17.000 pessoas.

[23] Filho de Zeus e Sêmele, deus das vinhas, do vinho e do delírio místico. Um episódio marca o nascimento de Dioniso: sua mãe pede a Zeus que lhe apareça com todo o seu esplendor. Zeus atende seu pedido; no entanto, o fulgor divino foi tamanho que Sêmele transformou-se em cinzas. Mas antes, como estava grávida de seis meses, Zeus rapidamente retirou-lhe o filho e o costurou em sua coxa.

[24] Os gregos reconheciam Dioniso como o deus do vinho e, como vimos, o "banquete", *sympósion* (συμποσιον), estava diretamente relacionado a essa bebida, daí a invocação ao deus para ser o juiz da questão.

[25] O ritual consistia em fazer a limpeza e a retirada das mesas, depois faziam a entrega das coroas entre os convivas, seguidas por três libações — a saber, uma para Zeus Olímpico, outra para os heróis e a última para Zeus Soter —; em seguida, entoava-se o peã em honra ao deus Apolo e, por fim, bebia-se o vinho.

[26] Interlocutor do diálogo.

[27] Um modo grego de dizer que se tratava de um acontecimento bom e inesperado, um golpe de sorte. O deus Hermes era filho de Zeus e Maia, mensageiro dos desígnios do pai dos deuses e dos homens.

[28] Há um diálogo homônimo de Platão, no qual o filósofo afirma que Fedro tinha a saúde frágil.

[29] Distrito ateniense.

[30] Personagem de duas peças não preservadas de Eurípides, a saber, *Melanipe sábia* e *Melanipe prisioneira*, das quais restaram apenas alguns fragmentos.

[31] Tragediógrafo grego, 480-406 a.C. Nasceu na ilha de Salamina, região da Ática, no dia da batalha naval travada ali contra os persas. A data mais provável é 29 de setembro. Sobre a batalha na ilha, consultar Heródoto, *Histórias*, VIII. No teatro, Eurípides celebrizou-se pela introdução de um expediente cênico conhecido como *Deus ex machina*, em que o desfecho do drama ocorre de forma inesperada, com a intervenção de uma divindade.

[32] Deus do amor, considerado primordial, gerado com Geia a partir do Caos; ler Hesíodo, *Teogonia*, 120-122. Há ainda a tradição poética que o associa a Hermes e Afrodite, segundo a qual ele é o resultado da união entre eles.

[33] Filho de Alcmena e Anfitrião, cuja verdadeira paternidade é atribuída a Zeus, que, ao assumir a forma de seu marido, que então lutava contra os teléboas, iludiu Alcmena e a possuiu. Embora Héracles tenha sido consagrado à deusa Hera — seu nome significa literalmente "em honra de Hera" —, dos filhos bastardos de Zeus ele foi o mais perseguido pela deusa dos olhos de vaca, que não perdia uma oportunidade de eliminar o fruto bastardo. No entanto, como filho de Zeus, coube a Héracles demonstrar que o poder de seu pai era maior; assim, venceu todos os obstáculos impostos por Hera.

[34] Pródico de Ceos, 465-399 a.C. Filósofo grego da chamada Sofística, é visto como o "precursor de Sócrates". Destacou-se por sua excelência oratória e suas lições retóricas, em especial pelo ensino da ética.

[35] Isócrates, em seu *Elogio de Helena*, 12, conta que alguns oradores elogiaram o sal, o mosquito e outras coisas dessa natureza.

[36] Comediógrafo ateniense, 450-388 a.C. Principal poeta da comédia antiga.

[37] Deusa do amor, filha de Urano, nascida dos órgãos sexuais de seu pai, cortados por Crono, que caíram nas ondas do mar, em cujas espumas foi gerada. Nas águas do mar, a deusa foi levada à ilha de Citera e em seguida a Chipre.

[38] Poeta grego nascido na cidade de Ascra, na Beócia, no século VIII a.C.

[39] Caos é a personificação do Vazio primordial, quando nada havia.

[40] Geia é a Terra, elemento primordial de que descendem as raças divinas; ela as concebeu sem o auxílio de qualquer elemento masculino.

[41] *Teogonia*, 116-118.

[42] Logógrafo e mitógrafo, nascido em Argos, no século VI a.C., um dos primeiros historiadores gregos. Escreveu uma conhecida obra intitulada *Genealogias*.

[43] Filósofo grego, 515-460 a.C., nascido em Eleia, na região da Magna Grécia.

[44] Trata-se de Têmis, a deusa da Justiça.

[45] Fr. 13 Diels.

[46] Filho de Posídon e Tiro, irmão gêmeo de Neleu, meio-irmão de Éson, o pai de Jasão.

[47] Esposa de Admeto, cujo mito é retratado na peça de Eurípides intitulada *Alceste*.

[48] Considerado pelos gregos a morada dos mortos, cujo deus de mesmo nome era o seu governante.

[49] Filho de Eagro e da musa Calíope, Orfeu era um talentoso aedo; por ser natural da Trácia, trajava vestes trácias. O dom de Orfeu encantava a todos e, graças a ele, conseguiu que sua esposa morta pudesse voltar do Hades; no entanto, como Orfeu não cumpriu o que fora ordenado por Hades e Perséfone — que não olhasse para trás até que saíssem do mundo subterrâneo —, Eurídice retornou ao reino dos mortos.

[50] Rei da Trácia, considerado um deus-rio, desposou a musa Calíope, com quem gerou Orfeu.

[51] Filho de Peleu, rei da Ftia, e da deusa Tétis, filha de Oceano, Aquiles foi o principal herói da Guerra de Troia; sem ele, conforme um oráculo, os gregos não teriam tomado Troia. Aquiles estava destinado a morrer jovem e ter glória eterna.

[52] Filha de Nereu, o Velho do Mar, e de Dóris, é a mais célebre das cinquenta Nereides, divindades marinhas.

[53] Ilhas que abrigavam as almas dos escolhidos pelos deuses, em geral poetas, heróis e deuses gregos, situada no extremo oeste do rio Oceano.

[54] Filho primogênito de Príamo e Hécuba, rei e rainha de Troia.

[55] Nascido em Opunte, filho de Menécio e Estenele. Neto de Peleu, o rei da Ftia, localizada na Tessália, onde Pátroclo passou a infância.

[56] Tragediógrafo grego nascido em Elêusis, 525-426 a.C.

[57] Personificação do Céu e filho de Geia. Urano é tratado como um elemento fértil. Ver Hesíodo, *Teogonia*, 118-206.

[58] É uma das deusas da primeira geração divina, filha de Oceano e Tétis.

[59] No original grego o adjetivo é Pandemo (Πανδημον), que significa "público", "comum a todo povo".

[60] Localizada na península do Peloponeso, situada na região sul da Grécia, onde se encontrava a cidade de Esparta, sua capital.

[61] Situada na costa ocidental da península do Peloponeso, região cuja capital era a cidade de Pirgos.

[62] Iônia, ou Jônia, era uma região de colonização grega, na costa da Anatólia, banhada pelo mar Egeu.

[63] O autor refere-se aos antigos tiranos atenienses Hípias e Hiparco, séc. VI a.C., filhos do também tirano Pisístrato. Consultar Tucídides, *História da Guerra do Peloponeso*, VI, 54.

[64] Aristogíton e Harmódio são conhecidos como tiranicidas por terem assassinado Hiparco em 514 a.C., embora houvessem planejado a morte de ambos os filhos de Pisístrato (Hípias e Hiparco) no festival ateniense das Panateneias.

[65] Ver nota anterior.

[66] Escravos que conduziam os meninos para escolas e ginásios.

[67] Filho de Apolo e Corônis, que era filha do rei Trégis da Tessália. Asclépio é um herói e também o deus da medicina.

[68] Erixímaco se refere a Aristófanes e Agatão.

[69] Heráclito de Éfeso, 535-475 a.C., filósofo pré-socrático reconhecido como o "pai da dialética", que influenciou o pensamento de Sócrates e, posteriormente, o de Platão.

[70] Fr. 51 Diels. Alguns autores traduzem os dois fragmentos como se fossem sequenciais, mas há um corte entre eles, a ausência da expressão: παλιντροπος. Por isso foram traduzidos separadamente, como no original deste texto. O fragmento citado por Platão difere um pouco do heraclitiano. O primeiro grafa: διαφερομενον αυτο αυτω συμφερεσθαι, ao passo que o texto de Heráclito diz: οκως διαφερομενον εωυτωι ομολογεει. No entanto, apesar das diferenças, o sentido da frase se mantém. Notamos uma similaridade nos verbos própria da poesia na grafia platônica; talvez tenha sido essa a intenção do filósofo, conferir harmonia e ritmo ao dito.

[71] Fr. 51 Diels. Há uma pequena variação na citação de Platão, que escreve: ωσπερ αρμονιαν τοξου τε και λυρας., enquanto Heráclito grafa: αρμονιη οκωσπερ τοξου και λυρης.; como no anterior, não há mudança de sentido. Tais variações podem ser explicadas pela oralidade característica da cultura grega, o que leva o texto a ser citado de formas diferentes, ou ainda pelos copistas, dado que os manuscritos que nos foram transmitidos resultam de sucessivas cópias de originais que não foram preservados.

[72] Musa da Astronomia, Urânia é uma das nove Musas, filhas de Zeus e Mnemôsine, concebidas em nove noites consecutivas.

[73] Musa da poesia lírica e inventora da lira. Como a poesia lírica está relacionada aos sentimentos humanos, em parte, com muita sensualidade, daí a sua relação com o popular. Polímnia também é uma das nove Musas; ver nota anterior.

[74] Arte divinatória.

[75] Platão refere-se ao episódio da Gigantomaquia, quando os gigantes tentaram tomar o poder de Zeus. Ver *Odisseia*, Canto XI, 307-320.

[76] Era um dos gigantes que lutaram na Gigantomaquia. Foi morto a flechas por Apolo e Héracles.

[77] Outro gigante que lutou para tomar o poder de Zeus. A intenção dos gigantes era colocar o monte Ossa em cima do monte Olimpo e perpetuar o seu poder, mas não obtiveram sucesso. Efialtes e Oto eram filhos de Posídon e Ifimedia, mas eram conhecidos como Aloídas, pois sua mãe desposou Aloeu, rei da Tessália e descendente de Deucalião.

[78] Tipo de árvore da família das rosáceas, com madeira resistente, usada na confecção de cabos de ferramentas.

[79] Filho de Zeus e Leto. Além de ser o deus da adivinhação e da música, conhecido por sua excepcional beleza física, também regia a medicina. A manifestação de seu poder curador potencializou-se em seu filho Asclépio, considerado o pai da medicina.

[80] O termo original "hetairístrias" (εταιριστριαι) se refere a mulheres que se relacionam com mulheres, as que hoje chamamos de lésbicas.

[81] Deus que personifica o elemento fogo. Por sua singular habilidade na atividade de ferreiro, foi responsável pela confecção das armas e dos adereços dos deuses. Também conhecido por ser um deus coxo, condição adquirida após ser atirado do Olimpo por sua mãe, Hera, que o gerou sem o auxílio de Zeus.

[82] Entre os gregos, quando dois homens eram amigos de verdade, era costume partir um dado, e cada um deles ficava com uma parte. Às vezes, uma parte do dado servia para que a outra pessoa fosse recebida na casa do amigo, desde que as partes se encaixassem perfeitamente. Funcionava então como um elemento de reconhecimento.

[83] Um dos Titãs, filho mais novo de Urano e Geia, pertence à primeira geração divina. Crono foi destronado por Zeus. Para mais detalhes sobre seu mito, ver Hesíodo, *Teogonia*, 167 e ss.

[84] Iápeto, ou Jápeto, irmão de Crono e, portanto, um titanida, filho de Urano e Geia. Para saber um pouco mais sobre esse deus que foi lançado ao Tártaro, ver Hesíodo, *Teogonia*, 18, 134 e 507.

[85] Filha de Crono, personificação da Necessidade, que representa a força do destino. Platão conta o mito de Ananké na *República*, X, 617 e ss.

[86] Personificação do Erro. Seu mito está relacionado ao local em que foi fundada a cidade de Troia. Deusa de pés delicados que estão sobre as cabeças dos mortais, ela nos induz ao erro. Por ter enganado Héracles, Zeus vingou-se dela, atirando-a do monte Olimpo. Ela caiu na Frígia, em local posteriormente denominado Colina do Erro, onde foi erigida a cidade de Troia.

[87] Homero, *Ilíada*, Canto XIX, 92-93.

[88] Frase dita por Alcidamas. Ver Aristóteles, *Da Arte Retórica*, 1406a.

[89] Filho de Zeus e Hera, pertence à segunda geração dos deuses olímpicos. Era considerado o deus da guerra, do combate. Sobre a origem de Ares, ler Hesíodo, *Teogonia*, 921-922.

[90] Fr. 235 Nauck. Trata-se de uma frase de *Tiestes*, uma peça perdida do tragediógrafo Sófocles.

[91] Platão faz referência ao episódio em que Hefesto flagra Ares com Afrodite traindo-o em seu próprio leito e o prende com uma rede confeccionada especialmente para esse fim. Ver Homero, *Ilíada*, Canto VIII, 266-366.

[92] Fr. 663 Nauck. Atribuído a Eurípides, de sua peça perdida *Estenebeia*.

[93] As Musas eram filhas da deusa Mnemósine e Zeus e trazem ora o epíteto de Piérides, ora o de Heliconíades. Elas eram nove, a saber: Calíope (poesia épica), Clio (história), Euterpe (lírica e música de flauta), Melpomene (tragédia), Terpsícore (dança), Erato (hinos e música para lira), Polímnia (cantos sacros) e Talia (comédia). Segundo Apolodoro, elas foram geradas após nove noites de amor entre os

referidos deuses. Ver Apolodoro, *Biblioteca*, 189-192, e Hesíodo, *Teogonia*, 55.

[94] Filha de Zeus e Métis, que foi engolida por Zeus antes de concebê-la, por conta de um oráculo que o alertava sobre o perigo de terem juntos um filho, pois seria ele quem destronaria Zeus. Então, Atena foi costurada na cabeça de seu pai, até que findasse a gestação.

[95] Natural de Leontino, cidade localizada na Sicília, 485-380 a.C. Górgias destacou-se por excepcional capacidade oratória, razão pela qual ficou conhecido como professor de retórica. O orador pertence à primeira geração de sofistas. Há um diálogo homônimo de Platão em que o filósofo apresenta particularidades de sua arte retórica.

[96] Platão faz referência ao episódio narrado por Homero na *Odisseia*, Canto XI, 632-635, sobre o medo de Hades lhe enviar a cabeça de Górgone.

[97] O nome Górgias lembra Górgone, personagem que tinha o poder de petrificar quem a olhasse, daí o medo em olhá-la.

[98] Verso de Eurípides, *Hipólito*, 612.

[99] Cidade grega situada na Arcádia, região da península do Peloponeso.

[100] Filósofa e sacerdotisa grega. Platão é a única fonte de que dispomos sobre ela.

[101] Personificação do Recurso, filho de Métis, pai de Eros. O mito de Poro aparece somente neste diálogo platônico.

[102] Personificação da Prudência, Métis é filha de Oceano e Tétis. Foi a primeira esposa de Zeus.

[103] Personificação da Pobreza. Como Poro, não aparece em outra narrativa mítica além deste diálogo platônico.

[104] Personificação da Beleza.

[105] Personificação do Destino. As Moiras eram três irmãs que controlavam o destino de todos os seres humanos. São elas: Átropo,

Cloto e Láquesis. Filhas de Zeus e Têmis, conhecidas como fiandeiras, pois com um fio regulavam a duração da vida desde o nascimento até a morte. Átropo tecia o fio, Cloto o enrolava e Láquesis o cortava, sinalizando que a vida chegara ao fim.

[106] Divindade feminina que rege o parto, filha de Zeus e Hera.

[107] Esposa de Admeto, cujo mito é retratado na peça de Eurípides intitulada *Alceste*.

[108] Rei da Tessália, a quem Apolo foi obrigado a servir por um ano, como expiação por ter assassinado os Ciclopes, filhos de Urano e Geia. Apolo os matou porque eles forjaram o raio de Zeus, responsável pela morte de seu filho Asclépio.

[109] Filho de Melanto, descendente de Neleu, um dos filhos de Posídon. Codro migrou para Atenas quando da invasão do Peloponeso pelos heráclidas. Recebeu o trono de Timetes, filho de Teseu, porque o havia ajudado a lutar contra os beócios. Durante o seu reinado, os atenienses travaram uma guerra contra os peloponésios, quando lhe veio um oráculo de Delfos informando que Atenas só sairia vencedora se o seu rei morresse. Então Codro decidiu sacrificar-se pela vitória dos atenienses, trajou roupas de mendigo e se retirou da cidade, provocou uma briga com dois viajantes inimigos e foi morto por um deles, propiciando assim a vitória de Atenas.

[110] Legislador espartano do século VII a.C., conhecido por ter implementado um conjunto de leis denominado Grande Retra, que os espartanos acreditavam ter sido ditadas pelo oráculo de Delfos. Para mais detalhes sobre o legislador e suas leis, consultar Plutarco, *Vida de Licurgo* e *Vida de Sólon*, XVI, 2, e Xenofonte, *A Constituição dos lacedemônios*.

[111] Região localizada na península do Peloponeso.

[112] Legislador e poeta ateniense do século VI a.C. Sobre ele, há uma biografia plutarquiana. Ver Plutarco, *Vida de Sólon*. Também podemos colher informações a seu respeito na *Constituição ateniense*, de Aristóteles, e em seus próprios poemas e fragmentos remanescentes em nosso tempo.

[113] Festa dórica com cortejos de cantos e danças em honra aos deuses, em especial Dioniso.

[114] Cada cótilo equivale a aproximadamente 1/4 de litro.

[115] Homero, *Ilíada*, Canto XI, 514.

[116] Deus dos mares, filho de Crono e Reia. Como deus do mar, tem o poder de controlar as ondas, as tempestades, as marés, os rios e os lagos, e ainda criar fontes, tudo com o toque de seu tridente.

[117] Semideuses frígios, companheiros de Dioniso que os poetas e artistas representam como velhinhos calvos, gorduchos, com orelhas de porco e bêbados, ou com caldas e cascos de boi ou bode. Atribuem-lhes o dom da inspiração profética e a invenção da flauta.

[118] Flauta campestre, mais conhecida como a flauta de Pã.

[119] Um tipo de flauta muito popular na Grécia antiga.

[120] Mársias era o mais famoso dos sátiros. Companheiros dos deuses, em particular de Dioniso, representavam a capacidade criadora dos seres vivos, vegetais ou animais. Eram representados como seres de pequena estatura, de cabelo espetado, orelhas longas e pontiagudas, com chifres de bode, uma grande cauda de cabra e um membro sexual avantajado e sempre ereto. O mito de Mársias nos dá conta de um episódio em que desafia Apolo com sua lira. Após ser vencido, foi esfolado pelo deus.

[121] O amado de Mársias.

[122] Os coribantes, sacerdotes de Reia, esposa de Crono, habitavam a ilha de Creta. Em seu delírio religioso emitiam sons altíssonos e gritos capazes de encobrir, por exemplo, o poderoso choro de Zeus, quando menino, para que não fosse descoberto e devorado por seu pai, Crono.

[123] Político ateniense do século V a.C. conhecido por seus persuasivos discursos, os quais convenceram os atenienses a deflagrar a guerra contra os espartanos e seus aliados. Morreu em 429 a.C., vitimado pela peste que se alastrou em Atenas, portanto, logo nos

primeiros anos da Guerra do Peloponeso (431-404 a.C.). Encontramos registros de sua origem em Heródoto, *Histórias*, VI, 131, e de suas ações políticas e discursos em diversos livros de Tucídides, em sua obra *História da Guerra do Peloponeso.* Também há referências em Aristófanes, nas comédias *A paz* e *Os acarnenses*, e ainda nas biografias de Péricles compostas por Cornélio Nepos e Plutarco, nas quais é possível encontrar mais detalhes sobre sua vida e sua personalidade.

[124] Cidade localizada na região da Ática, ao lado de Esparta. Era a cidade mais importante do período clássico da história grega.

[125] Um dos silenos, filho de Pan ou de Hermes com uma ninfa. Conta o mito que Sileno criou e educou Dioniso, por sua extrema sabedoria; como todo sileno ou sátiro, também se destacava por sua feiura.

[126] Homero, *Ilíada*, Canto VI, 236. Episódio em que Glauco engana Zeus ao trocar suas armas de ouro pelas de bronze, as quais pertenciam ao herói Diomedes.

[127] Filho de Têlamon, o grande Ájax era rei de Salamina e participou da Guerra de Troia. É o segundo na escala de força física, atrás somente de Aquiles.

[128] Cidade aliada de Atenas, que pagava tributos aos atenienses para sustentar a Liga de Delos. Em 430 a.C., os cidadãos de Potideia recusaram-se a pagá-los; como represália, os atenienses a invadiram. Então, os potideus solicitaram a ajuda dos lacedemônios, episódio que contribuiu para a deflagração da Guerra do Peloponeso.

[129] Homero, *Odisseia*, Canto IV, 242.

[130] Iônios, ou jônios, eram os habitantes da Iônia.

[131] Cidade da região da Beócia, vizinha à Ática, onde ocorreu a Batalha de Délio, durante a Guerra do Peloponeso, em 424 a.C., quando os atenienses foram expulsos pelo general tebano Pagondas.

[132] Cidadão ateniense e também um interlocutor de Platão, pois o filósofo ateniense redigiu um diálogo homônimo.

[133] Aristófanes, *As nuvens*, 362.

[134] Filho de Teles e Argineone, morto em 422 a.C., Brásidas foi um general espartano conhecido por sua astúcia militar e por sua coragem no campo de batalha. Foi um dos grandes heróis da Guerra do Peloponeso.

[135] Filho de Neleu, rei de Piro, e Clóris, descendia de Posídon por parte de pai. Nestor era conhecido como conselheiro e respeitado por ser um sábio ancião.

[136] Ancião que aconselhava o rei troiano Príamo durante a Guerra de Troia.

[137] Pensamento similar há em Hesíodo; ver *Os trabalhos e os dias*, Ed. Martin Claret, 2014.

[138] Local dedicado ao deus Apolo, às margens do rio Ilisso. Nesse mesmo lugar, Aristóteles fundará mais tarde o Liceu, que ficou mais conhecido como Escola Peripatética, em razão de seu hábito de discursar caminhando. Além de seus escritos, outro feito destacado em sua trajetória são os ensinamentos que compartilhou com Alexandre, o Grande, por ter sido seu preceptor.

Relação dos Volumes Publicados

1. Dom Casmurro
Machado de Assis
2. O Príncipe
Maquiavel
3. Mensagem
Fernando Pessoa
4. O Lobo do Mar
Jack London
5. A Arte da Prudência
Baltasar Gracián
6. Iracema / Cinco Minutos
José de Alencar
7. Inocência
Visconde de Taunay
8. A Mulher de 30 Anos
Honoré de Balzac
9. A Moreninha
Joaquim Manuel de Macedo
10. A Escrava Isaura
Bernardo Guimarães
11. As Viagens - "Il Milione"
Marco Polo
12. O Retrato de Dorian Gray
Oscar Wilde
13. A Volta ao Mundo em 80 Dias
Júlio Verne
14. A Carne
Júlio Ribeiro
15. Amor de Perdição
Camilo Castelo Branco
16. Sonetos
Luís de Camões
17. O Guarani
José de Alencar
18. Memórias Póstumas de Brás Cubas
Machado de Assis
19. Lira dos Vinte Anos
Álvares de Azevedo
20. Apologia de Sócrates / Banquete
Platão
21. A Metamorfose/Um Artista da Fome/Carta a Meu Pai
Franz Kafka
22. Assim Falou Zaratustra
Friedrich Nietzsche
23. Triste Fim de Policarpo Quaresma
Lima Barreto
24. A Ilustre Casa de Ramires
Eça de Queirós
25. Memórias de um Sargento de Milícias
Manuel Antônio de Almeida
26. Robinson Crusoé
Daniel Defoe
27. Espumas Flutuantes
Castro Alves
28. O Ateneu
Raul Pompeia
29. O Noviço / O Juiz de Paz da Roça / Quem Casa Quer Casa
Martins Pena
30. A Relíquia
Eça de Queirós
31. O Jogador
Dostoiévski
32. Histórias Extraordinárias
Edgar Allan Poe
33. Os Lusíadas
Luís de Camões
34. As Aventuras de Tom Sawyer
Mark Twain
35. Bola de Sebo e Outros Contos
Guy de Maupassant
36. A República
Platão
37. Elogio da Loucura
Erasmo de Rotterdam
38. Caninos Brancos
Jack London
39. Hamlet
William Shakespeare
40. A Utopia
Thomas More
41. O Processo
Franz Kafka
42. O Médico e o Monstro
Robert Louis Stevenson
43. Ecce Homo
Friedrich Nietzsche
44. O Manifesto do Partido Comunista
Marx e Engels
45. Discurso do Método / Regras para a Direção do Espírito
René Descartes
46. Do Contrato Social
Jean-Jacques Rousseau
47. A Luta pelo Direito
Rudolf von Ihering
48. Dos Delitos e das Penas
Cesare Beccaria
49. A Ética Protestante e o Espírito do Capitalismo
Max Weber
50. O Anticristo
Friedrich Nietzsche
51. Os Sofrimentos do Jovem Werther
Goethe
52. As Flores do Mal
Charles Baudelaire
53. Ética a Nicômaco
Aristóteles
54. A Arte da Guerra
Sun Tzu
55. Imitação de Cristo
Tomás de Kempis
56. Cândido ou o Otimismo
Voltaire
57. Rei Lear
William Shakespeare
58. Frankenstein
Mary Shelley
59. Quincas Borba
Machado de Assis
60. Fedro
Platão
61. Política
Aristóteles
62. A Viuvinha / Encarnação
José de Alencar
63. As Regras do Método Sociológico
Émile Durkheim
64. O Cão dos Baskervilles
Sir Arthur Conan Doyle
65. Contos Escolhidos
Machado de Assis
66. Da Morte / Metafísica do Amor / Do Sofrimento do Mundo
Arthur Schopenhauer
67. As Minas do Rei Salomão
Henry Rider Haggard
68. Manuscritos Econômico-Filosóficos
Karl Marx
69. Um Estudo em Vermelho
Sir Arthur Conan Doyle
70. Meditações
Marco Aurélio
71. A Vida das Abelhas
Maurice Materlinck
72. O Cortiço
Aluísio Azevedo
73. Senhora
José de Alencar
74. Brás, Bexiga e Barra Funda / Laranja da China
Antônio de Alcântara Machado
75. Eugênia Grandet
Honoré de Balzac
76. Contos Gauchescos
João Simões Lopes Neto
77. Esaú e Jacó
Machado de Assis
78. O Desespero Humano
Sören Kierkegaard
79. Dos Deveres
Cícero
80. Ciência e Política
Max Weber
81. Satíricon
Petrônio
82. Eu e Outras Poesias
Augusto dos Anjos
83. Farsa de Inês Pereira / Auto da Barca do Inferno / Auto da Alma
Gil Vicente
84. A Desobediência Civil e Outros Escritos
Henry David Toreau
85. Para Além do Bem e do Mal
Friedrich Nietzsche
86. A Ilha do Tesouro
R. Louis Stevenson
87. Marília de Dirceu
Tomás A. Gonzaga
88. As Aventuras de Pinóquio
Carlo Collodi
89. Segundo Tratado Sobre o Governo
John Locke
90. Amor de Salvação
Camilo Castelo Branco
91. Broquéis/Faróis/Últimos Sonetos
Cruz e Souza
92. I-Juca-Pirama / Os Timbiras / Outros Poemas
Gonçalves Dias
93. Romeu e Julieta
William Shakespeare
94. A Capital Federal
Arthur Azevedo
95. Diário de um Sedutor
Sören Kierkegaard
96. Carta de Pero Vaz de Caminha a El-Rei Sobre o Achamento do Brasil
97. Casa de Pensão
Aluísio Azevedo
98. Macbeth
William Shakespeare

99. Édipo Rei/Antígona
Sófocles
100. Lucíola
José de Alencar
101. As Aventuras de Sherlock Holmes
Sir Arthur Conan Doyle
102. Bom-Crioulo
Adolfo Caminha
103. Helena
Machado de Assis
104. Poemas Satíricos
Gregório de Matos
105. Escritos Políticos / A Arte da Guerra
Maquiavel
106. Ubirajara
José de Alencar
107. Diva
José de Alencar
108. Eurico, o Presbítero
Alexandre Herculano
109. Os Melhores Contos
Lima Barreto
110. A Luneta Mágica
Joaquim Manuel de Macedo
111. Fundamentação da Metafísica dos Costumes e Outros Escritos
Immanuel Kant
112. O Príncipe e o Mendigo
Mark Twain
113. O Domínio de Si Mesmo pela Auto-Sugestão Consciente
Émile Coué
114. O Mulato
Aluísio Azevedo
115. Sonetos
Florbela Espanca
116. Uma Estadia no Inferno / Poemas / Carta do Vidente
Arthur Rimbaud
117. Várias Histórias
Machado de Assis
118. Fédon
Platão
119. Poesias
Olavo Bilac
120. A Conduta para a Vida
Ralph Waldo Emerson
121. O Livro Vermelho
Mao Tsé-Tung
122. Oração aos Moços
Rui Barbosa
123. Otelo, o Mouro de Veneza
William Shakespeare
124. Ensaios
Ralph Waldo Emerson
125. De Profundis / Balada do Cárcere de Reading
Oscar Wilde
126. Crítica da Razão Prática
Immanuel Kant
127. A Arte de Amar
Ovídio Naso
128. O Tartufo ou O Impostor
Molière
129. Metamorfoses
Ovídio Naso
130. A Gaia Ciência
Friedrich Nietzsche
131. O Doente Imaginário
Molière
132. Uma Lágrima de Mulher
Aluísio Azevedo
133. O Último Adeus de Sherlock Holmes
Sir Arthur Conan Doyle
134. Canudos - Diário de uma Expedição
Euclides da Cunha
135. A Doutrina de Buda
Siddharta Gautama
136. Tao Te Ching
Lao-Tsé
137. Da Monarquia / Vida Nova
Dante Alighieri
138. A Brasileira de Prazins
Camilo Castelo Branco
139. O Velho da Horta/Quem Tem Farelos?/Auto da Índia
Gil Vicente
140. O Seminarista
Bernardo Guimarães
141. O Alienista / Casa Velha
Machado de Assis
142. Sonetos
Manuel du Bocage
143. O Mandarim
Eça de Queirós
144. Noite na Taverna / Macário
Álvares de Azevedo
145. Viagens na Minha Terra
Almeida Garrett
146. Sermões Escolhidos
Padre Antonio Vieira
147. Os Escravos
Castro Alves
148. O Demônio Familiar
José de Alencar
149. A Mandrágora / Belfagor, o Arquidiabo
Maquiavel
150. O Homem
Aluísio Azevedo
151. Arte Poética
Aristóteles
152. A Megera Domada
William Shakespeare
153. Alceste/Electra/Hipólito
Eurípedes
154. O Sermão da Montanha
Huberto Rohden
155. O Cabeleira
Franklin Távora
156. Rubáiyát
Omar Khayyám
157. Luzia-Homem
Domingos Olímpio
158. A Cidade e as Serras
Eça de Queirós
159. A Retirada da Laguna
Visconde de Taunay
160. A Viagem ao Centro da Terra
Júlio Verne
161. Caramuru
Frei Santa Rita Durão
162. Clara dos Anjos
Lima Barreto
163. Memorial de Aires
Machado de Assis
164. Bhagavad Gita
Krishna
165. O Profeta
Khalil Gibran
166. Aforismos
Hipócrates
167. Kama Sutra
Vatsyayana
168. Histórias de Mowgli
Rudyard Kipling
169. De Alma para Alma
Huberto Rohden
170. Orações
Cícero
171. Sabedoria das Parábolas
Huberto Rohden
172. Salomé
Oscar Wilde
173. Do Cidadão
Thomas Hobbes
174. Porque Sofremos
Huberto Rohden
175. Einstein: o Enigma do Universo
Huberto Rohden
176. A Mensagem Viva do Cristo
Huberto Rohden
177. Mahatma Gandhi
Huberto Rohden
178. A Cidade do Sol
Tommaso Campanella
179. Setas para o Infinito
Huberto Rohden
180. A Voz do Silêncio
Helena Blavatsky
181. Frei Luís de Sousa
Almeida Garrett
182. Fábulas
Esopo
183. Cântico de Natal/ Os Carrilhões
Charles Dickens
184. Contos
Eça de Queirós
185. O Pai Goriot
Honoré de Balzac
186. Noites Brancas e Outras Histórias
Dostoiévski
187. Minha Formação
Joaquim Nabuco
188. Pragmatismo
William James
189. Discursos Forenses
Enrico Ferri
190. Medeia
Eurípedes
191. Discursos de Acusação
Enrico Ferri
192. A Ideologia Alemã
Marx & Engels
193. Prometeu Acorrentado
Ésquilo
194. Iaiá Garcia
Machado de Assis
195. Discursos no Instituto dos Advogados Brasileiros / Discurso no Colégio Anchieta
Rui Barbosa
196. Édipo em Colono
Sófocles
197. A Arte de Curar pelo Espírito
Joel S. Goldsmith
198. Jesus, o Filho do Homem
Khalil Gibran
199. Discurso sobre a Origem e os Fundamentos da Desigualdade entre os Homens
Jean-Jacques Rousseau
200. Fábulas
La Fontaine
201. O Sonho de uma Noite de Verão
William Shakespeare

202. Maquiavel, o Poder
José Nivaldo Junior

203. Ressurreição
Machado de Assis

204. O Caminho da Felicidade
Huberto Rohden

205. A Velhice do Padre Eterno
Guerra Junqueiro

206. O Sertanejo
José de Alencar

207. Gitanjali
Rabindranath Tagore

208. Senso Comum
Thomas Paine

209. Canaã
Graça Aranha

210. O Caminho Infinito
Joel S. Goldsmith

211. Pensamentos
Epicuro

212. A Letra Escarlate
Nathaniel Hawthorne

213. Autobiografia
Benjamin Franklin

214. Memórias de Sherlock Holmes
Sir Arthur Conan Doyle

215. O Dever do Advogado / Posse de Direitos Pessoais
Rui Barbosa

216. O Tronco do Ipê
José de Alencar

217. O Amante de Lady Chatterley
D. H. Lawrence

218. Contos Amazônicos
Inglês de Souza

219. A Tempestade
William Shakespeare

220. Ondas
Euclides da Cunha

221. Educação do Homem Integral
Huberto Rohden

222. Novos Rumos para a Educação
Huberto Rohden

223. Mulherzinhas
Louise May Alcott

224. A Mão e a Luva
Machado de Assis

225. A Morte de Ivan Ilicht / Senhores e Servos
Leon Tolstói

226. Álcoois e Outros Poemas
Apollinaire

227. Pais e Filhos
Ivan Turguêniev

228. Alice no País das Maravilhas
Lewis Carroll

229. À Margem da História
Euclides da Cunha

230. Viagem ao Brasil
Hans Staden

231. O Quinto Evangelho
Tomé

232. Lorde Jim
Joseph Conrad

233. Cartas Chilenas
Tomás Antônio Gonzaga

234. Odes Modernas
Anntero de Quental

235. Do Cativeiro Babilônico da Igreja
Martinho Lutero

236. O Coração das Trevas
Joseph Conrad

237. Thais
Anatole France

238. Andrômaca / Fedra
Racine

239. As Catilinárias
Cícero

240. Recordações da Casa dos Mortos
Dostoiévski

241. O Mercador de Veneza
William Shakespeare

242. A Filha do Capitão / A Dama de Espadas
Aleksandr Púchkin

243. Orgulho e Preconceito
Jane Austen

244. A Volta do Parafuso
Henry James

245. O Gaúcho
José de Alencar

246. Tristão e Isolda
Lenda Medieval Celta de Amor

247. Poemas Completos de Alberto Caeiro
Fernando Pessoa

248. Maiakósvski
Vida e Poesia

249. Sonetos
William Shakespeare

250. Poesia de Ricardo Reis
Fernando Pessoa

251. Papéis Avulsos
Machado de Assis

252. Contos Fluminenses
Machado de Assis

253. O Bobo
Alexandre Herculano

254. A Oração da Coroa
Demóstenes

255. O Castelo
Franz Kafka

256. O Trovejar do Silêncio
Joel S. Goldsmith

257. Alice na Casa dos Espelhos
Lewis Carrol

258. Miséria da Filosofia
Karl Marx

259. Júlio César
William Shakespeare

260. Antônio e Cleópatra
William Shakespeare

261. Filosofia da Arte
Huberto Rohden

262. A Alma Encantadora das Ruas
João do Rio

263. A Normalista
Adolfo Caminha

264. Pollyanna
Eleanor H. Porter

265. As Pupilas do Senhor Reitor
Júlio Diniz

266. As Primaveras
Casimiro de Abreu

267. Fundamentos do Direito
Léon Duguit

268. Discursos de Metafísica
G. W. Leibniz

269. Sociologia e Filosofiia
Émile Durkheim

270. Cancioneiro
Fernando Pessoa

271. A Dama das Camélias
Alexandre Dumas (filho)

272. O Divórcio / As Bases da Fé / e outros textos
Rui Barbosa

273. Pollyanna Moça
Eleanor H. Porter

274. O 18 Brumário de Luís Bonaparte
Karl Marx

275. Teatro de Machado de Assis
Antologia

276. Cartas Persas
Montesquieu

277. Em Comunhão com Deus
Huberto Rohden

278. Razão e Sensibilidade
Jane Austen

279. Crônicas Selecionadas
Machado de Assis

280. Histórias da Meia-Noite
Machado de Assis

281. Cyrano de Bergerac
Edmond Rostand

282. O Maravilhoso Mágico de Oz
L. Frank Baum

283. Trocando Olhares
Florbela Espanca

284. O Pensamento Filosófico da Antiguidade
Huberto Rohden

285. Filosofia Contemporânea
Huberto Rohden

286. O Espírito da Filosofia Oriental
Huberto Rohden

287. A Pele do Lobo / O Badejo / o Dote
Artur Azevedo

288. Os Bruzundangas
Lima Barreto

289. A Pata da Gazela
José de Alencar

290. O Vale do Terror
Sir Arthur Conan Doyle

291. O Signo dos Quatro
Sir Arthur Conan Doyle

292. As Máscaras do Destino
Florbela Espanca

293. A Confissão de Lúcio
Mário de Sá-Carneiro

294. Falenas
Machado de Assis

295. O Uraguai / A Declamação Trágica
Basílio da Gama

296. Crisálidas
Machado de Assis

297. Americanas
Machado de Assis

298. A Carteira de Meu Tio
Joaquim Manuel de Macedo

299. Catecismo da Filosofia
Huberto Rohden

300. Apologia de Sócrates
Platão (Edição bilingue)

301. Rumo à Consciência Cósmica
Huberto Rohden

302. Cosmoterapia
Huberto Rohden

303. Bodas de Sangue
Federico García Lorca

304. Discurso da Servidão Voluntária
Étienne de La Boétie

305. Categorias
Aristóteles

306. Manon Lescaut
Abade Prévost

307. Teogonia /
Trabalho e Dias
Hesíodo

308. As Vítimas-Algozes
Joaquim Manuel de Macedo

309. Persuasão
Jane Austen

310. Agostinho - Huberto Rohden

311. Roteiro Cósmico
Huberto Rohden

312. A Queda dum Anjo
Camilo Castelo Branco

313. O Cristo Cósmico e os
Essênios - Huberto Rohden

314. Metafísica do Cristianismo
Huberto Rohden

315. Rei Édipo - Sófocles

316. Livro dos provérbios
Salomão

317. Histórias de Horror
Howard Phillips Lovecraft

318. O Ladrão de Casaca
Maurice Leblanc

319. Til
José de Alencar

320. Pequenas tragédias
Alexandr Púchkin

321. Diário do subsolo
Fiódor Dostoiévski

322. Orientando para a
autorrealização
Huberto Rohden

323. Deus
Huberto Rohden

324. O Banquete
Platão

325. Antígona
Sófocles

326. A Abadia de Northanger
Jane Austen

327. Diálogo do amor
Plutarco

328. O Garimpeiro
Bernardo Guimarães

Série Ouro
(Livros com mais de 400 p.)

1. Leviatã
Thomas Hobbes

2. A Cidade Antiga
Fustel de Coulanges

3. Crítica da Razão Pura
Immanuel Kant

4. Confissões
Santo Agostinho

5. Os Sertões
Euclides da Cunha

6. Dicionário Filosófico
Voltaire

7. A Divina Comédia
Dante Alighieri

8. Ética Demonstrada à
Maneira dos Geômetras
Baruch de Spinoza

9. Do Espírito das Leis
Montesquieu

10. O Primo Basílio
Eça de Queirós

11. O Crime do Padre Amaro
Eça de Queirós

12. Crime e Castigo
Dostoiévski

13. Fausto
Goethe

14. O Suicídio
Émile Durkheim

15. Odisseia
Homero

16. Paraíso Perdido
John Milton

17. Drácula
Bram Stoker

18. Ilíada
Homero

19. As Aventuras de
Huckleberry Finn
Mark Twain

20. Paulo – O 13º Apóstolo
Ernest Renan

21. Eneida
Virgílio

22. Pensamentos
Blaise Pascal

23. A Origem das Espécies
Charles Darwin

24. Vida de Jesus
Ernest Renan

25. Moby Dick
Herman Melville

26. Os Irmãos Karamazovi
Dostoiévski

27. O Morro dos Ventos
Uivantes
Emily Brontë

28. Vinte Mil Léguas
Submarinas
Júlio Verne

29. Madame Bovary
Gustave Flaubert

30. O Vermelho e o Negro
Stendhal

31. Os Trabalhadores do Mar
Victor Hugo

32. A Vida dos Doze Césares
Suetônio

33. O Moço Loiro
Joaquim Manuel de Macedo

34. O Idiota
Dostoiévski

35. Paulo de Tarso
Huberto Rohden

36. O Peregrino
John Bunyan

37. As Profecias
Nostradamus

38. Novo Testamento
Huberto Rohden

39. O Corcunda de Notre Dame
Victor Hugo

40. Arte de Furtar
Anônimo do século XVII

41. Germinal
Émile Zola

42. Folhas de Relva
Walt Whitman

43. Ben-Hur — Uma História
dos Tempos de Cristo
Lew Wallace

44. Os Maias
Eça de Queirós

45. O Livro da Mitologia
Thomas Bulfinch

46. Os Três Mosqueteiros
Alexandre Dumas

47. Poesia de
Álvaro de Campos
Fernando Pessoa

48. Jesus Nazareno
Huberto Rohden

49. Grandes Esperanças
Charles Dickens

50. A Educação Sentimental
Gustave Flaubert

51. O Conde de Monte Cristo
(Volume I)
Alexandre Dumas

52. O Conde de Monte Cristo
(Volume II)
Alexandre Dumas

53. Os Miseráveis (Volume I)
Victor Hugo

54. Os Miseráveis (Volume II)
Victor Hugo

55. Dom Quixote de
La Mancha (Volume I)
Miguel de Cervantes

56. Dom Quixote de
La Mancha (Volume II)
Miguel de Cervantes

57. As Confissões
Jean-Jacques Rousseau

58. Contos Escolhidos
Artur Azevedo

59. As Aventuras de Robin Hood
Howard Pyle

60. Mansfield Park
Jane Austen